会计核算中企业所得税疑难400问

KUAIJI HESUANZHONG
QIYE SUODESHUI YINAN

徐箐◎主编

中国财经出版传媒集团
经济科学出版社
Economic Science Press

图书在版编目（CIP）数据

会计核算中企业所得税疑难 400 问/徐箐主编. —北京：经济科学出版社，2018.4

ISBN 978 -7 -5141 -9036 -6

Ⅰ.①会… Ⅱ.①徐… Ⅲ.①企业所得税 - 税收管理 - 中国 - 问题解答 Ⅳ.①F812.424 -44

中国版本图书馆 CIP 数据核字（2018）第 027002 号

责任编辑：周国强
责任校对：隗立娜
责任印制：邱　天

会计核算中企业所得税疑难 400 问

徐　箐　主编

经济科学出版社出版、发行　新华书店经销

社址：北京市海淀区阜成路甲 28 号　邮编：100142

总编部电话：010 -88191217　发行部电话：010 -88191522

网址：www.esp.com.cn

电子邮件：esp@esp.com.cn

天猫网店：经济科学出版社旗舰店

网址：http：//jjkxcbs.tmall.com

北京季蜂印刷有限公司印装

880×1230　32 开　8 印张　200000 字

2018 年 4 月第 1 版　2018 年 4 月第 1 次印刷

ISBN 978 -7 -5141 -9036 -6　定价：38.00 元

（图书出现印装问题，本社负责调换。电话：010 -88191510）

前　　言

随着新一轮税制改革的深入，税收政策和法规也在不断地调整和变化中。繁杂的税收政策的变化，使许多企业财务人员面临着如何在繁杂的涉税业务和多变的税收政策中寻找一条便捷的方法，即“问题一对一”。尤其是企业所得税作为收益税种，在企业财务核算中无论是收入环节还是支出环节，都渗透着国家税收法规、政策规范化处理的严格要求。财务人员在每一项业务处理中稍有不慎或者处理上的偏差，就会为企业带来极大的损失和风险。

《会计核算中企业所得税疑难400问》是徐箐老师根据30多年税务工作实际经验和公众号“数据空间”中微信学员提问整理，并结合公众号“徐箐私房课”内容汇编而成。其形式：为了企业财务人员便捷操作和与具体独立的问题进行对接，采取了问答形式。其解答方式：严格按照国家税务总局最新政策作为问题指导依据。该书具有以下几个特点：

（1）实用性强。此书是作者根据多年税务机关征收管理工作经验，结合税务征管、税务稽查和纳税人依法纳税过程中常见问题编撰而成，对纳税人经营管理过程中企业所得税的涉税处理具有较强的指导作用。

（2）税法依据准确。作者结合所从事的税务工作征管要求，将纳税人日常问题进行梳理后，在依据税法前提下给予了标准的解答。

(3) 适用征纳双方。它既适用于纳税人又适用于税务执法机关，在征纳双方共同应用的前提下，可以最大化减少依法征税人员和纳税人对政策理解的偏差，由此减少征纳双方风险。

(4) 查阅简便。此书将近年来的企业所得税法律法规，根据企业涉税行为按照税种进行了分解和细化。解答问题通俗易懂，使企业在简便操作下“对症下药”，迅速消除企业所得税业务疑难问题的困惑，提高依法纳税的准确度和涉税自查能力，以降低由于理解上的偏差带来的涉税风险。

目　录

1. 企业当年实际发生费用未及时取得有效凭证，其费用是否可以在企业所得税税前扣除？ …… 1
2. 企业购入的专门用于研发活动的仪器、设备，当年没有计提折旧，是否可以在以后年度一次性在企业所得税税前扣除？ …… 1
3. 如果企业当年符合条件的研发费用没有享受加计扣除的税收优惠，是否视为企业自行放弃？ …… 2
4. 企业向中华人民共和国境外的社会组织实施股权捐赠的，企业所得税如何处理？ …… 2
5. 企业向公益性社会团体实施的股权捐赠，如何确定收入额和捐赠额？ …… 2
6. 股权溢价形成的资本公积转增资本，投资方企业是否需要申报缴纳企业所得税？ …… 3
7. 企业当年计提的工资，在第二年汇算清缴之前发放的，企业所得税税前是否需要纳税调增？ …… 3
8. 单位每年组织员工进行体检，体检费用是否可以在企业所得税税前扣除？ …… 4
9. 已认定的享受免税优惠政策的非营利组织在什么情形下取消其资格？ …… 4
10. 企业注销清算所得，是否可以弥补以前年度亏损？ …… 5
11. 固定资产加速折旧与研究开发费用加计扣除优惠政策是否可以同时享受？ …… 5

12. 企业委托外部机构或个人进行研发活动所发生的费用是否允许企业所得税加计扣除？…… 5
13. 单位的工会组织从总工会领取的专用收款收据，是否可以作为企业所得税税前扣除凭据？…… 6
14. 高新技术企业的名称变更，是否可以继续享受税收优惠政策？…… 6
15. 软件企业、集成电路企业享受企业所得税优惠政策，是否每年都需要向主管税务机关备案？…… 6
16. 小型微利企业税收优惠和软件企业两免三减半能否同时享受？…… 7
17. 纳税人什么情况下可以申请延期缴纳税款？…… 7
18. 企业当年符合条件的研发费用没有享受加计扣除的税收优惠，是否相当于企业自行放弃？…… 8
19. 企业用于研发活动的设备享受了加速折旧的优惠，如何进行研发费用的加计扣除？…… 8
20. 企业外聘研发人员的费用，是否可以享受企业所得税加计扣除的优惠？…… 9
21. 企业委托其他单位进行研发，发生的研发费用是否可以享受加计扣除的优惠？…… 9
22. 设备既用于研发活动又用于非研发活动，其费用如何在企业所得税税前扣除？…… 9
23. 哪些企业不允许使用研发费用加计扣除优惠政策？…… 10
24. 是否所有企业都可以享受技术先进型服务企业所得税优惠政策？…… 10
25. 符合固定资产加速折旧（扣除）条件的企业可以自行选择是否享受该项优惠？…… 11
26. 哪些企业所得税优惠项目不能在季度预缴时享受？…… 11
27. 如何确定小型微利企业？…… 12

28. 企业所得税汇算清缴时形成多缴，在申请退税时可否要求加算银行利息？ …… 12
29. 研发费用加计扣除可以在企业所得税季度预缴时享受吗？ …… 13
30. 汇总纳税的企业分支机构在年度中间注销，年终汇算清缴时按什么分摊比例进行补税或退税？ …… 13
31. 企业重组中，取得股权支付的原主要股东在重组一年以后转让取得的股权，是否还符合特殊性税务处理的条件？ …… 14
32. 企业跨省迁移是否需要进行企业所得税清算处理？ …… 15
33. 公司享受研发费用加计扣除的企业所得税优惠政策，在什么时间内需要向税务机关报送什么资料？ …… 16
34. 企业所得税对工资薪金总额是如何界定的？ …… 17
35. 企业每月给员工报销部分车费，能否在企业所得税税前扣除？ …… 17
36. 企业的固定资产达到使用年限报废产生的损失，是否可以在企业所得税税前扣除？ …… 18
37. 企业不征税收入其发生的相关费用，能否在企业所得税税前扣除？ …… 19
38. 企业取得集团总部的补贴收入，是否缴纳企业所得税？ …… 20
39. 企业转让股权如何确认股权转让所得？ …… 20
40. 企业跨年度一次性取得的租金收入如何申报纳税？ …… 21
41. 符合条件的非上市公司股票期权、股权期权、限制性股票和股权奖励如何进行税务处理？ …… 21
42. 享受递延纳税政策的非上市公司股权激励必须同时满足哪些条件？ …… 22
43. 公益股权捐赠企业所得税处理四个方面的要求是什么？ …… 23
44. 企业发生的存货盘盈，是否需要申报缴纳企业所得税？ …… 25
45. 企业支付给员工的补充养老保险，是否可以在企业所得税税前扣除？ …… 25

46. 用工企业支付给劳务派遣员工的工资，是否可以在企业所得税税前扣除？ …… 25
47. 先进型服务企业的职工教育经费按照多少比例可以在企业所得税税前扣除？ …… 26
48. 哪些企业固定资产可以一次性在计算应纳税所得额时进行税前扣除？ …… 26
49. 上市公司股票期权、限制性股票和股权奖励适当延长的纳税期限是多久？ …… 27
50. 企业固定资产没有执行加速折旧方法还需要报固定资产加速折旧统计表吗？ …… 28
51. 企业资产重组将部分货车和劳力转移到新设立公司，是否需要开发票以及折旧能否在企业所得税税前扣除？ …… 28
52. 增值税专用发票无法认证的是否可以作为“主管业务成本”在企业所得税税前扣除？ …… 29
53. 公司员工尚未缴社保发生工伤，其费用是否可以在企业所得税税前扣除？ …… 29
54. 企业雇用实习生发生的费用，是否可以在企业所得税税前扣除？ …… 30
55. 企业之间拆借资金发生的借款利息没有发票如何在企业所得税税前扣除？ …… 30
56. 补充养老保险以及补充医疗保险按照多少比例在企业所得税税前扣除？ …… 31
57. 公司员工报销国际航空无机票费用，是否可以在企业所得税税前扣除？ …… 31
58. 成立分支机构专门为总公司进行产品研发，该分支机构需要申报缴纳企业所得税吗？ …… 32
59. 年度企业所得税汇算清缴申报后发现有误，可否重新办理企业所得税的年度申报？ …… 32

60. 企业通过公益性社会组织进行捐赠，如果超过规定的比例怎么办？ …… 33
61. 企业收到返还的出口退税款，是否需要申报缴纳企业所得税？ …… 33
62. 企业收到没有填开付款方全称的发票，能否作为企业所得税税前扣除的凭证？ …… 34
63. 企业员工个人所得税由企业承担，是否可以在企业所得税税前扣除？ …… 34
64. 企业为员工支付的居民供暖费，是否可以作为职工福利费在企业所得税税前扣除？ …… 34
65. 技术成果投资入股实施选择性税收优惠政策应注意什么？ …… 35
66. 企业违反海关监管规定缴纳的罚款，是否允许在企业所得税税前扣除？ …… 36
67. 企业金融资产的公允价值变动，是否需要计入企业收入总额计算缴纳企业所得税？ …… 36
68. 企业因破产注销，其厂房设备等固定资产尚未提完折旧额如何处理？ …… 37
69. 企业发生的与生产经营有关的手续费支出，如何确定税前扣除限额？ …… 37
70. 申请固定资产加速折旧如何办理相关手续？ …… 38
71. 企业实施股权激励或个人以技术成果投资入股需要向税务机关递交资料吗？ …… 38
72. 危险废物处理可以享受哪些企业所得税优惠政策？ …… 38
73. 高新技术企业营业外收入，是否需要计入高新技术产品（服务）收入申报缴纳企业所得税？ …… 40
74. 员工享受企业固定补贴，是否可以在企业所得税税前扣除？ …… 40
75. 非居民企业确定转让财产所得包含哪些内容？ …… 41
76. 企业因绩效考核需要在工资列支而年底未发放，年终是否需要调增企业所得税应纳税所得额？ …… 41

77. 补交以前年度的残保金和教育经费，能否在汇算当年在企业所得税税前扣除？ …… 42
78. 企业无法收回的外籍员工住房押金坏账、退学违约金等，是否可以在企业所得税税前扣除？ …… 43
79. 非居民企业派遣人员在中国境内提供劳务要向税务机关提供哪方面申报资料？ …… 43
80. 从事代理服务的企业作为营业成本的佣金、手续费支出，能否在企业所得税税前扣除？ …… 44
81. 企业收取的会员费，是否需要缴纳增值税和企业所得税？ …… 44
82. 同一控股的两个独立的子公司，因其中一个分公司常年亏损，将其合并至另一子公司，另一个分公司是否可以继续抵扣未抵扣的进项税额？产生的亏损，是否可以继续弥补？ …… 45
83. 受同一居民企业 100% 直接控制的两个子公司，因其中一个子公司常年亏损，亏损子公司合并至另一子公司且不需要支付对价。其亏损子公司未弥补完的亏损，是否可以结转继续弥补？ …… 46
84. 非公有制企业发生的党组织工作经费，是否可以在企业所得税税前扣除？ …… 47
85. 跨地区经营汇总纳税企业如何办理企业所得税优惠政策的备案手续？ …… 48
86. 企业为职工支付的社会学历教育费用，是否可以在计算企业所得税税前进行扣除？ …… 48
87. 企业向自然人的借款利息支出能否税前扣除？ …… 49
88. 企业以库存商品向投资者进行利润分配，是否需要缴纳增值税和企业所得税收入？ …… 49
89. 企业缴纳的相关责任险，能否在企业所得税税前扣除？ …… 50
90. 企业以不动产作价后对外投资，是否需要确认收入并按规定申报缴纳企业所得税？ …… 51

91. 企业对外部劳务派遣用工发放的实物职工福利，能否在企业所得税税前扣除？ …… 51
92. 企业自建房屋投入使用，但是有些发票还没拿到，如何计提折旧在企业所得税税前扣除？ …… 51
93. 不具有法人资格的中外合作办学机构是否属于构成在中国的常设机构？ …… 52
94. 因机器检修暂时停产，停产期间发生的固定资产折旧可以在企业所得税税前扣除吗？ …… 52
95. 视同销售收入对应的视同销售成本，是否可以在企业所得税税前扣除？ …… 53
96. 企业种植观赏性植物，是否可以享受企业所得税减半征收的优惠？ …… 53
97. 企业为退休人员缴纳的补充养老保险、补充医疗保险，是否可以在企业所得税税前扣除？ …… 54
98. 企业转让一项外购专利权，是否可以享受企业所得税免征、减征企业所得税的优惠政策？ …… 54
99. 中外合资企业分配利润没有外汇出境外，在境内进行再投资，是否需要代扣代缴企业所得税？ …… 55
100. 应收账款超过多长时间收不回可以作为坏账损失？ …… 55
101. 物业公司预收业主跨年度的物业管理费，应在何时确认企业所得税收入？ …… 56
102. 企业取得的财产转让收入，可以分期确认收入吗？ …… 56
103. 企业筹建期的费用支出，是否可以计入当期亏损？ …… 57
104. 企业按照内部制度，按月支付员工交通费补贴应在哪个科目中核算？ …… 57
105. 以外币对外支付时，汇率应如何确定？ …… 57
106. 企业 2016 年未取得合法有效凭证 2017 年取得凭证，是否可以在企业所得税税前扣除？ …… 58

107. 养殖企业饲养牛羊购后又销售，是否有税收优惠政策？…………… 58
108. 企业所得税：从事中药材的种植有何税收优惠？……………………… 58
109. 企业自建的临时建筑物，其最低折旧年限为多少年？……………… 59
110. 核定征收企业什么时间到国税办理鉴定工作？……………………… 59
111. 企业所得税法对股权转让收入如何确认？…………………………… 59
112. 企业用于研发活动的仪器、设备加速折旧，是否可以在计算研发费时加计扣除？…………………………………………………………… 60
113. 企业通过基金互认买卖香港基金取得差价所得，是否需要缴纳企业所得税？……………………………………………………………… 60
114. 企业年会聚餐的费用，能否税前扣除？……………………………… 60
115. 可加计扣除研发费用总额的10%如何计算限额？ ………………… 61
116. 享受集成电路企业所得税优惠政策由于发生环境违法支付了处罚，是否影响所得税优惠政策的享受？………………………………… 61
117. 高新技术企业发生更名，是否可以继续享受高新税收优惠政策？……………………………………………………………………… 62
118. 高新技术企业认定条件有哪些？……………………………………… 62
119. 高新技术企业资格的有效期是几年？………………………………… 63
120. 高新技术企业三年的认定期即将届满复审通过后，是否即可再享受高新技术企业资格？……………………………………………… 63
121. 企业在地税缴纳的工会经费应当凭什么票据税前扣除？………… 64
122. 发包方支付的工程款项中，暂扣了工程保证金如何进行申报纳税？…………………………………………………………………… 64
123. 公司员工出差购买的意外保险可以在企业所得税税前扣除吗？………………………………………………………………………… 65
124. 停止使用的固定资产，是否能继续进行折旧在企业所得税税前扣除？…………………………………………………………………… 65
125. 企业研发过程中直接形成产品对外销售的材料费用，是否可以加计扣除？……………………………………………………………… 65

126. 企业实行核定定额征收企业所得税，年度终了实际税额超过核定额，应按哪个数据申报纳税？ …… 66
127. 研发活动和非研发活动共用的设备对应的研发费用，能否在企业所得税税前加计扣除？ …… 66
128. 纳税人发生研发活动时，实行加速折旧的固定资产折旧额加计扣除口径如何确定？ …… 66
129. 跨地区经营建筑企业，该总机构季度预缴企业所得税时，是否可以抵减项目部已预缴的企业所得税？ …… 67
130. 非行政许可审批事项取消后，公益性社会团体捐赠的税前扣除资格应如何确认？ …… 67
131. 申请人从中国取得的所得为股息时，不符合“受益人”的条件怎么办？ …… 68
132. 企业与其他企业合作完成一项研发项目，应如何享受加计扣除的优惠政策？ …… 68
133. 企业发生政策性搬迁所得，是否需要一次性确认缴纳所得税？ …… 68
134. 企业购买运输车辆产生的竞价费，能否税前扣除？ …… 69
135. 公司购入节能节水专用设备享受企业所得税优惠，是否包括安装费用？ …… 69
136. 符合从事农、林、牧、渔业项目企业所得税优惠条件的分支机构是否需要另外进行备案？ …… 69
137. 投资高新技术企业，可否享受企业所得税减免？ …… 70
138. 因缴费年限不够补缴退休社保，单位缴费部分是否可以在企业所得税税前列支？ …… 71
139. 为研发人员支付的“五险一金”可以加计扣除吗？ …… 71
140. 母公司委托子公司进行项目研究开发。子公司作为受托方，该项目发生的研究开发费用是否可以归集为自己的研究开发费用来计算？ …… 71

141. 子公司注册期间向母公司借款发生的支付利息，是否可以在子公司企业所得税税前扣除？ …… 72
142. 小型微利企业全年累计亏损，是否可以计算减免税额？ …… 73
143. 企业由二级分支机构变更为三级分支机构，企业所得税如何申报？ …… 74
144. 企业所得税核定征收，是否每年税务机关都会进行鉴定？ …… 75
145. 企业取得的国债利息，能否免征企业所得税？ …… 75
146. 企业所得税季度预缴申报 B 类报表收入总额按照季度数据还是全年累计数据填写？ …… 76
147. 总机构企业所得税在地税，分支机构企业所得税在国税，能否汇总申报？ …… 76
148. 保险公司的二级分支机构的企业所得税在哪级税务机关管理？ …… 76
149. 企业所得税月（季）度预缴纳税申报表中“固定资产加速折旧（扣除）明细表”中，第一行“重要行业固定资产加速折旧”的重要行业包括哪些？ …… 77
150. 分支机构需要享受安置残疾人员所支付的工资加计扣除的优惠，是否需要备案？ …… 78
151. 企业支付的企业年金，能否在企业所得税税前扣除？ …… 79
152. 企业委托个人开发的动漫游戏软件，其开发费用能否在企业所得税税前加计扣除？ …… 80
153. 申请企业所得税税收抵免时，若合同为外文，其翻译件是否要求官方证明文件？ …… 81
154. 如何界定研究开发费用税前加计扣除新技术、新产品、新工艺？ …… 82
155. 工资薪金中的津贴、补贴具体指什么？ …… 82
156. 自行建造的厂房原值如何确定计税基础？ …… 82
157. 无形资产如何确定企业所得税计税基础？ …… 83

158. 国有企业之间进行无偿资产划拨，固定资产的计税基础
应该如何确认？…………………………………………………… 83
159. 企业所得税分配表的内容发生变更应如何处理？……………… 84
160. 收到财政补助不属于不征税收入，对其发生的研发费用，
是否可以加计在企业所得税中扣除？…………………………… 85
161. 国有企业改制车辆评估增值按照评估价值入账并计提折旧，
该折旧能否在企业所得税税前扣除？…………………………… 85
162. 企业发生技术转让，可享受何种企业所得税税收优惠政策？……… 86
163. 对饮水工程运营管理单位从事《公共基础设施项目企业所得税
优惠目录》规定的饮水工程新建项目投资经营的所得，自项目
取得第一笔生产经营收入所属纳税年度起，第一年至第三年
免征企业所得税，第四年至第六年减半征收企业所得税的
政策当中所指的“饮水工程”的具体含义？ ……………………… 86
164. 合伙企业的法人合伙人如何确认其投资合伙企业的应纳税
所得额？………………………………………………………………… 87
165. 商业零售企业存货因零星失窃、报废、废弃等正常因素
形成的损失，如何确定“零星”？ ………………………………… 88
166. 集团企业统贷统还贷款没有银行付息单据，是否可以在所得税
税前扣除？……………………………………………………………… 88
167. 总公司将一块地划转给分公司，是否需要确认收入缴纳企业
所得税？………………………………………………………………… 89
168. 公司将外资股份转为内资股份，是否属于股权转让需要
申报纳税？……………………………………………………………… 89
169. 股东以股权进行出资后出现增值，记入资本公积后是否
需要交企业所得税？…………………………………………………… 90
170. 以前年度已经科技部门鉴定的项目，加计扣除费用是否
还需要重新鉴定？……………………………………………………… 91
171. 现金折扣能否在企业所得税税前扣除？…………………………… 91

172. 是否有 20 位数的纳税人识别号？ …… 92
173. 小麦皮、玉米芯是否属于初级农产品征税范围？ …… 92
174. 股权转让交易双方均为非居民企业且在境外交易的，应在什么时间向税务机关报送相关资料？ …… 93
175. 居民企业资产划转适用特殊性税务处理，应提供什么材料？ …… 93
176. 职工食堂的抽油烟机发生的维修费用如何在企业所得税税前扣除？ …… 94
177. 金融企业涉农贷款损失如何确认？ …… 95
178. 企业所得税补缴以前年度税款，是否可以在企业所得税税前扣除？ …… 95
179. 民办非营利的学校取得的收入，是否可以免征企业所得税？ …… 96
180. 符合特殊性税务处理的事项，能否放弃不选择？ …… 97
181. 融资性售后回租中的管理费用，是否可以在企业所得税税前扣除？ …… 97
182. 软件企业享受企业所得税优惠备案，应提供什么资料？ …… 97
183. 投资企业从被投资企业撤回或减少投资，所取得的资产在企业所得税上应如何处理？ …… 98
184. 企业发放的职工食堂餐费补贴，能否在企业所得税税前扣除？ …… 99
185. 融资租赁业务若要适用差额征税，企业的实收资本是否必须要达到 1.7 亿元？ …… 99
186. 母公司将下属的一家子公司划拨给另一家子公司，受让的子公司是否需要缴纳企业所得税？ …… 100
187. 软件企业享受企业所得税两免三减半，享受到第四年时，不符合软件企业要求的，两免三减半优惠是立即停止还是等到期满后停止？ …… 101
188. 代扣代缴个人所得税，是否可以在企业所得税税前扣除？ …… 102
189. 慈善基金会将资金借贷给企业，获得的利息收入是否可以免征企业所得税？ …… 103

190. 中国企业为境外企业提供设计服务，扣缴的部分是否可以抵减企业所得税？ …… 103
191. 高新技术企业复核不通过，是否需要补缴已经享受免税的税款？ …… 104
192. 企业给学校捐款取得了政府票据可以作为企业所得税税前扣除凭证吗？ …… 104
193. 企业所得税属于核定征收，现在发现企业实际利润率超过税务局核定的标准，应如何处理？ …… 105
194. 提前解除员工的劳动合同所支付的补偿金，能否在企业所得税税前扣除？ …… 105
195. 投资方取得的股息、红利等权益性投资收益，是否属于企业所得税免税收入？ …… 106
196. 境外的子公司分红给境内的母公司，分红是否可以用于弥补境内母公司当年度的亏损？ …… 107
197. 享受免征增值税的小微企业，减免的增值税额是否需要缴纳企业所得税？ …… 108
198. 企业取得哪些收入属于财政拨款？ …… 108
199. 合伙企业投资中小高新企业，是否可以享受企业所得税优惠？ …… 109
200. 垃圾场产生的渗滤液运输到对应的污水处理厂，是否可以享受企业所得税三免三减半的税收优惠？ …… 109
201. 境外企业所得弥补完境内当年亏损后，是否可以再用以后年度境内盈利弥补？ …… 110
202. 企业以前年度免税业务发生的亏损，政策性拆迁补偿收入结余是否可以互抵免税亏损额？ …… 110
203. 总公司将下属全资子公司变更为分公司，是否可以直接变更税务登记？ …… 111
204. 企业承兑汇票的贴现利息，能否在企业所得税税前扣除？ …… 112

205. 企业外请专家进行员工培训，其专家费用是否可以作为差旅费在企业所得税税前扣除？ …… 112
206. A 公司与 B 公司联合开发房产，获得赔偿的房款是否需要申报缴纳企业所得税？ …… 113
207. 银行处置不良资产发生的资产损失，是否可以在企业所得税税前扣除？ …… 113
208. 增值税一般纳税人停产前的无形资产，其摊销费用是否还可以继续在企业所得税税前扣除？ …… 115
209. 企业取得国外参展补贴，是否属于不征税收入？ …… 115
210. 企业法人的亲属 A 是乙企业的股东，两家企业是否构成关联企业？ …… 116
211. 香港企业在境内未设有常设机构，但在境内有营业利润，是否需要代扣代缴企业所得税？ …… 117
212. 居民企业委托境外会计师事务所调查境外另一家公司的情况，是否需要代扣代缴企业所得税？ …… 118
213. 境内的企业在境外通过融资租赁方式租用了设备在境外使用，支付给境外企业的租金需要代扣代缴企业所得税吗？ …… 118
214. 香港的运输公司为境内企业提供境外航运服务，由境内的码头运至越南，境内企业需要代扣代缴企业所得税吗？ …… 119
215. 非居民企业股东在境外将其在境内公司股权进行转让，该行为是否需要缴纳企业所得税？ …… 119
216.（自然人）与某公司（企业法人）合伙注册成立一合伙企业，合伙企业是缴纳企业所得税还是缴纳个人所得税？ …… 120
217. 分期收款方式销售货物的，企业所得税上何时确认收入？ …… 121
218. 销售商品采用托收承付方式的，企业所得税上何时确认收入？ …… 121
219. 会计处理上未加速折旧，是否影响企业享受加速折旧税收优惠政策？ …… 121

220. 用生产设备投资另一公司，是否需要确认所得申报缴纳企业所得税？ …… 122
221. 长期从事对农户的小额贷款业务，企业所得税方面是否有优惠政策？ …… 122
222. 安装费如何确认收入？ …… 123
223. 特许权使用费收入如何确认？ …… 123
224. 企业车辆因违章缴纳罚款，取得的发票是否可以在企业所得税税前扣除？ …… 123
225. 员工离职补偿金，是否可以计入工资、薪金并作为计算职工福利费的基数？ …… 124
226. 企业购进设备未及时享受加速折旧政策，是否可以在 4 季度申报时一次性享受？ …… 124
227. 企业申请研发费用加计扣除，是否需要单独设置研发费用专账？ …… 125
228. 企业发生的与研发活动有关的差旅费、会议费可享受加计扣除政策吗？ …… 125
229. 由于固定资产残值率变更，调整的以前年度的折旧应该在哪个年度进行企业所得税税前扣除？ …… 126
230. 高新技术企业，在企业所得税税前扣除职工教育经费的比例与其他单位是否有区别？ …… 126
231. 扩大小型微利企业所得税优惠政策的优惠范围与执行时间是什么？ …… 127
232. 企业享受免税资格的非营利组织，是否每年都要提出复审申请？ …… 127
233. 企业获得高新技术企业资格后应该在什么时间起申报享受税收优惠政策？ …… 128
234. 超市货架商品发生损失，如何申报企业所得税税前扣除？ …… 128
235. 股权转让收入如何确认？ …… 128

236. 全资设立的境内子公司当年亏损，按权益法核算计入投资损失，能否在企业所得税税前扣除？ …… 129
237. 企业重组业务，适用特殊性税务处理如何进行纳税申报？ …… 130
238. 支付的赔偿金，是否可以在企业所得税税前扣除？ …… 130
239. 收到《受控外国企业信息报告表》，是否需要申报纳税？ …… 131
240. 核定征收企业所得税的企业，能否享受小型微利企业税收优惠？ …… 131
241. 商业银行贷款无法追回，应该如何处理？ …… 132
242. 享受固定资产加速折旧政策，是否包括房屋建筑物？ …… 132
243. 集成电路关键专用材料生产企业，是否可以享受企业所得税的优惠政策？ …… 133
244. 小型微利企业，如何计算企业资产总额、从业人数等相关指标？ …… 134
245. 金融企业提取的国债投资损失准备金，是否准予在企业所得税税前扣除？ …… 134
246. 软件生产企业，向境外关联方支付软件的特许权使用费，该费用能否在企业所得税税前扣除？ …… 134
247. 非营利组织，免税优惠资格有效期到期前应该办理什么手续？ …… 135
248. 享受了小型微利企业的税收优惠政策，是否需要到税务机关办理备案手续？ …… 135
249. 预计符合小微企业标准，预缴企业所得税时是否可以享受小微企业的优惠政策？ …… 136
250. 已经认定的高新技术企业，撤销境外办事处如何缴纳企业所得税？ …… 136
251. 企业收到捐赠机构返还的款项，对其捐赠支出按多少比例计算在企业所得税税前扣除？ …… 137

252. 支付劳务派遣公司招聘部分工人的费用应如何在企业所得税税前扣除？ …… 137

253. 商业零售企业，由于商品过期造成的企业损失是采用清单申报还是专项申报？ …… 138

254. 软件企业享受两免三减半的优惠政策，如何计算两免三减半的年限？ …… 138

255. 分支机构成立当年，是否需要申报企业所得税？ …… 139

256. 非居民企业平价转让股权，是否需要进行所得税纳税调整？ …… 140

257. 旅行社向旅客收取并支付给航空公司的机票款，是否可以在计算销售额时扣除？ …… 140

258. 以技术成果投资入股到其他企业，如何办理递延纳税优惠备案？ …… 141

259. 企业逾期缴纳税款所产生的滞纳金是怎样计算的？ …… 142

260. 可以在企业所得税税前加计扣除的研发费用具体包括哪些内容？ …… 142

261. 如何确认公益性社会团体捐赠企业所得税税前扣除资格？ …… 143

262. 企业对在职员工按月补贴交通费是计入工资还是职工福利费？ …… 144

263. 取得持有 5 年以上的非独占计算软件著作权转让所得，企业所得税是否有优惠政策？ …… 145

264. 企业为员工租房费用，企业所得税应如何处理？ …… 145

265. 企业筹办期的亏损，能否计入当期亏损在以后年度弥补？ …… 146

266. 主营业务为海外承建项目的高新技术企业，企业所得税是否同样适用 15% 的税率？ …… 147

267. 2017 年企业的研发费加计扣除的比例提高到 75%，适用哪些企业？ …… 147

268. 享受企业所得税优惠留存备查资料应当保存多长时间？ …… 148

269. 企业研究开发费用加计扣除形成的亏损，以后年度可以弥补吗？ …… 148
270. 研发机构采购了国产设备，如何办理采购国产设备的退税备案手续？ …… 149
271. 哪些小微企业享受优惠政策不再另行填写《备案表》？ …… 149
272. 非居民企业，是否可以享受小型微利企业的所得税优惠政策？ …… 150
273. 享受企业所得税免征、减征优惠条件转让非独占许可使用权的技术有什么限制条件？ …… 150
274. 哪些企业所得税优惠事项实行“以表代备”方式？ …… 151
275. 企业发生的资产损失申报扣除，是否需要向税务机关提交资料？ …… 151
276. 企业研发活动的仪器、设备的规范口径是什么？ …… 152
277. 立项研发的项目，部分委托给境外企业进行研发，委托部分所发生的费用能否加计扣除？ …… 152
278. 境外投资者以分配利润直接投资暂不征收预提所得税的基本条件是什么？ …… 153
279. 年终单位以实物、购物卡等形式发放给员工的福利，应该属于工资还是福利？ …… 153
280. 学校取得财政部门拨付的科研资金，是否需要申报缴纳企业所得税？ …… 154
281. 向股东个人借款，之后个人股东免除我司还款，请问该笔不需偿还的借款，是否需要缴纳企业所得税？ …… 155
282. 以合伙企业为业主缴纳的社保费和住房公积金，是否可以在个人所得税税前扣除？ …… 156
283. 企业为员工缴付的补充医疗保险，是否可以在企业所得税税前扣除？ …… 156
284. 保险公司发生哪些情形时缴纳的保险保障基金不得在企业所得税税前扣除？ …… 157

285. 保险公司按规定提取的未到期责任准备金、寿险责任准备金、长期健康险责任准备金、已发生已报案未决赔款准备金和已发生未报案未决赔款准备金，是否准予在企业所得税税前扣除？ …… 157
286. 保险公司缴纳的保险保障基金准予在企业所得税税前扣除的标准是什么？ …… 158
287. 上市公司实施股权激励，个人选择在不超过 12 个月期限内缴税的，是否需要备案？ …… 160
288. 建筑安装业的纳税人和扣缴义务人未按规定申报缴纳个人所得税，会产生法律风险吗？ …… 160
289. 递延纳税股票（权）转让、办理纳税申报时，由谁向税务机关提供资料？ …… 163
290. 非上市公司实施符合条件的股权激励适用递延纳税政策是否需要备案？ …… 163
291. 非上市公司股票期权、股权期权、限制性股票和股权奖励适用递延纳税政策需要符合什么条件？ …… 164
292. 非上市公司实施符合条件的股权激励，是否还可享受递延纳税？ …… 165
293. 员工取得的股权激励中，既有符合条件实行递延纳税政策，也有不符合递延纳税条件的不得享受递延纳税政策的，该如何核算？ …… 166
294. 转让适用递延纳税的股权后，其股权用于转增股本或者再用于非货币性资产投资，是否可以再按照相关规定享受分期缴税？ …… 166
295. 企业境外发生支出收到国外的发票，能否作为企业所得税税前扣除凭证？ …… 166
296. 企业开立的银行账户，是否都需要向税务机关报备？ …… 167

297. 企业年度中间获得高新技术企业证书，应从什么时间开始享受企业所得税优惠政策？ …… 167
298. 个人从任职受雇企业以低于公平市场价格取得股票（权）的，不符合递延纳税条件的如何计税？ …… 168
299. 全国中小企业股份转让系统挂牌公司（新三板）的股权激励可以适用上市公司递延纳税的优惠吗？ …… 168
300. 员工在一个纳税年度中多次取得股票（权）形式工资薪金所得的，如何申报纳税？ …… 169
301. 个人转让享受递延纳税政策的股权，如何计算其股权的成本？ …… 169
302. 上市公司授予个人的股票期权、限制性股票和股权奖励缴纳个人所得税的税款如何计算？ …… 169
303. 将自产产品作为奖励发给员工，请问企业所得税收入如何确认？ …… 170
304. 企业所得税年度申报时，《职工薪酬纳税调整明细表》是否不能全部为零？ …… 171
305. 企业有零申报的情况，是否会影响年度 A 级信用等级的评定？ …… 171
306. 企业对哪些特定事项的捐赠支出可以据实全额在企业所得税税前扣除？ …… 172
307. 金融机构农户小额贷款的利息收入可以享受什么企业所得税税收优惠？ …… 173
308. 房地产开发企业委托境内具有合法经营资格的中介服务机构销售房产，佣金支出税前扣除的限额是多少？ …… 174
309. 企业在境外国家享受的减免税优惠回境内抵免时，可否视同已经缴纳税款抵扣企业所得税？ …… 174
310. 新购进二手设备能否按新购进固定资产享受加速折旧政策？ …… 175

311. 企业集团集中研发的项目，其实际发生的研发费用应当如何处理？ …… 175
312. 企业享受加计扣除优惠的研发项目有异议的如何处理？ …… 175
313. 企业预缴申报时，能否享受支付残疾人工资加计扣除政策？ …… 176
314. 子公司支付给境外母公司外派到境内的员工 6 万美金的工资，是否需要进行对外支付备案？ …… 176
315. 国内企业向国有银行的境外分行支付利息，是否需要代扣代缴企业所得税？ …… 177
316. 企业在归集研发费用时，对会计核算与处理有哪些要求？ …… 177
317. 企业研究开发费用各项目核算不准确时，税务机关是否有权调整加计扣除额？ …… 178
318. 企业发生各类重组如何确定重组日？ …… 179
319. 企业向职工发放的高温补贴应如何扣除？ …… 179
320. 公司发生委托出口业务，是否需要申请和报送《委托出口货物证明》？ …… 180
321. 现在办理出口退（免）税资格认定，是否需要提供银行开户许可证？ …… 181
322. 建筑企业总机构直接管理的跨地区设立的项目部，在项目所在地如何预缴企业所得税？ …… 181
323. 房地产开发企业采取银行按揭方式销售开发产品的，企业所得税上如何确定销售收入？ …… 181
324. 房地产开发企业将开发的住宅用于奖励员工，是否需要缴纳企业所得税？ …… 182
325. 向境外关联方支付的劳务费，企业进行税前扣除时有哪些注意事项？ …… 182
326. 单位纳税人支付的增值税税控系统的技术维护费，是否要缴纳企业所得税？ …… 183
327. 哪些类型的企业所得税不能实行核定征收方式？ …… 184

328. 公司向员工发放的福利补贴，如何才能列入工资薪金进行企业所得税税前扣除？ …… 184
329. 企业 2016 年 8 月支付的房租费未取得发票，请问在申报季度企业所得税时，是否可以按照发生额计算缴纳企业所得税？ …… 185
330. 企业安置残疾人就业的同时还安置下岗失业人员就业，企业所得税的优惠政策可以同时享受吗？ …… 185
331. 企业租用法定代表人的车发生的相关费用，是否可以在企业所得税税前扣除？ …… 186
332. 企业为员工购买统一的工作服费用，是否可以在企业所得税税前扣除？ …… 186
333. 有限公司从合伙企业分得的合伙收益，是否需要确认企业所得税收入？ …… 187
334. 企业对外投资而取得的投资收益何时确认企业所得税收入？ …… 187
335. 纳税人核算固定资产折旧年限短于税法规定的最低年限，已经计提进入损益的折旧额是否需要作纳税调增处理？ …… 187
336. 纳税人购买农产品后直接销售，是否可以享受免征企业所得税的优惠政策？ …… 188
337. 享受税收优惠的高新技术企业应该留存哪些资料待税务机关备查？ …… 188
338. 小型微利企业的年应纳税所得额上限由 30 万元提高至 50 万元，从什么时间开始执行？ …… 189
339. 小型微利企业享受企业所得税优惠政策的基本条件是什么？ …… 189
340. 企业支付的差旅费中人身意外保险费，是否可以在企业所得税税前扣除？ …… 190
341. 企业移送资产所得应该按照什么价格确定销售收入？ …… 190
342. 企业重组过程中，如何确定重组的当事方？ …… 190
343. 重组企业适用特殊性税务处理如何确定重组主导方？ …… 191

344. 如何界定税法中的“重组业务完成当年”？ …………………… 192
345. 企业重组业务适用特殊性税务处理应向税务机关提供哪些内容的说明？ …………………………………………………… 192
346. 非居民企业通过实施不具有合理商业目的的安排，间接转让中国居民企业股权如何处理？ ……………………………… 193
347. 税务机关如何判断非居民企业间接转让财产是具有合理商业目的？ …………………………………………………… 194
348. 居民企业以非货币性资产对外投资获得的转让所得，应该如何申报纳税？ ………………………………………………… 195
349. 企业以非货币性资产对外投资而取得被投资企业的股权，如何确定计税成本？ ……………………………………… 195
350. 企业在对外投资 5 年内转让股权或投资收回的，是否要停止执行递延纳税政策？ ……………………………………… 195
351. 境外投资者以分配利润直接投资暂不征收预提所得税是针对哪些业务？ …………………………………………………… 196
352. 境外投资者以分配利润直接投资暂不征收预提所得税应向税务机关报送哪些资料？ ………………………………… 196
353. 企业境外已申报缴纳企业所得税，在境内应如何进行抵免？ …… 197
354. 企业在境外取得的股息所得，如何确定可抵免所得税额？ ……… 198
355. 企业以前年度购买原材料没有取得票据，以后年度取得票据是否可以在取得票据年度税前扣除？ ………………………… 198
356. 股东注册资本已经实缴到位，并且申请了 3 个专利后要进行股权转让，如何确定股权转让收入？ ……………………… 199
357. 企业注销清算，清算期职工工资是否可以在企业所得税税前扣除？ …………………………………………………… 199
358. 被清算企业累计未分配利润和累计盈余公积，是否需确认为股息所得申报纳税？ ……………………………………… 200
359. 企业清算的所得税处理包括哪些内容？ ………………………… 200

360. 哪些企业需要进行清算的所得税处理？ …………………………… 201
361. 企业每年年末预提的职工奖金，能否在企业所得税税前扣除？…… 201
362. 在职工食堂招待客户的伙食费，能否在企业所得税税前扣除？…… 202
363. 企业支付员工大病医疗保险，能否在企业所得税税前扣除？ …… 203
364. 企业为员工报销以前年度医疗费，能否在企业所得税税前扣除？ ……………………………………………………… 203
365. 企业未按期缴纳社会保险，支付社保局利息费是否可在企业所得税税前扣除？ ………………………………………………… 204
366. 企业将自产的产品用于职工奖励或福利，是否需要视同销售确认收入？ ……………………………………………………… 204
367. 符合固定资产加速折旧政策的纳税人，是否可以自由选择企业所得税优惠政策？ ……………………………………………… 204
368. 新设立跨省经营的二级分支机构，需要在经营地分摊企业所得税吗？ ……………………………………………………… 205
369. 没有职工食堂的公司，向员工直接发放的现金伙食费，是作为工资薪金还是职工福利费在税前扣除？ ………………… 205
370. 发生的与研发活动有关的差旅费、会议费可享受加计扣除政策吗？ ………………………………………………………… 205
371. 企业能否选择不实行加速折旧政策？ ……………………………… 206
372. 员工的私人汽车用于公司业务所发生的相关费用，能否在企业所得税税前扣除？ ……………………………………………… 206
373. 企业可否自行出具《企业所得税汇算清缴鉴证报告》？ ………… 207
374. 合伙人投资多个有限合伙制创业投资企业，应当如何计算可以抵扣的应纳税所得额？ ……………………………………… 207
375. 外资投资者将未分配利润转增资本的，是否还需办理付汇税务备案？ ……………………………………………………… 208
376. 固定资产评估增值，是否可以计提折旧，企业所得税税前是否可以扣除折旧？ ………………………………………………… 208

377. 商业零售企业发生存货损失，是否要出具损失情况报告？ ……… 209
378. 高新企业认定条件中要求高新收入占总收入的 60%，总收入是否包含股权投资收益？ ……… 209
379. 外国出差取得国外的电子单据，是否可以作为企业所得税税前扣除凭据？ ……… 210
380. 支付给临时工的工资，是否可以作为相关费用的扣除依据？ …… 210
381. 企业向学校捐赠一批学习用品，捐赠支出是否可以在税前扣除？ ……… 211
382. 食品批发零售企业的库存食品因变质发生存货损失，企业所得税税前扣除如何办理？ ……… 211
383. 纳税人可以申请核定缴纳企业所得税吗？ ……… 212
384. 机器检修暂时停产，停产期间发生的固定资产折旧可以税前扣除吗？ ……… 213
385. 公司以融资租赁方式租入的机器设备，融资租赁费可以在企业所得税税前一次扣除吗？ ……… 214
386. 实行统一核算，是否需要申报纳税？ ……… 214
387. 技术培训的收入，可否并入技术转让收入享受企业所得税优惠？ ……… 214
388. 企业移送给他人的资产，在企业所得税上如何确定销售收入？ ……… 215
389. 哪些固定资产不得计提折旧在企业所得税税前扣除？ ……… 216
390. 从中国境外取得的与纳税有关的发票，能否作为扣税凭据？ …… 216
391. 销售固定资产产生的损失，是否需要备案可以在企业所得税税前扣除？ ……… 216
392. 制作代言广告，是否属于广告服务需缴纳文化事业建设费？ …… 217
393. 申请享受税收协定待遇需要提供什么资料？ ……… 217
394. 按规定缴纳的社会保险，是否可以纳入研究开发费用进行加计扣除？ ……… 218

395. 采用应税所得率方式核定征收企业所得税时，如何计算应纳所得税额？ …… 219
396. 员工在外出差的餐饮补助费，是否可以在计算企业所得税税前扣除？ …… 219
397. 企业在筹建期间发生的业务招待费、广告费和业务宣传费如何在企业所得税税前扣除？ …… 220
398. 跨省的分支机构，是否需要做年报？ …… 221
399. 公司购买基金的收益，是否要缴纳企业所得税？ …… 221
400. 企业由于投资者投资未到位而发生的利息支出，能否在企业所得税税前扣除？ …… 221

1. 企业当年实际发生费用未及时取得有效凭证，其费用是否可以在企业所得税税前扣除？

徐箐指导：根据《国家税务总局关于企业所得税若干问题的公告》（国家税务总局公告 2011 年第 34 号）的规定，关于企业提供有效凭证时间问题企业当年度实际发生的相关成本、费用，由于各种原因未能及时取得该成本、费用的有效凭证，企业在预缴季度所得税时，可暂按账面发生金额进行核算；但在汇算清缴时，应补充提供该成本、费用的有效凭证。

2. 企业购入的专门用于研发活动的仪器、设备，当年没有计提折旧，是否可以在以后年度一次性在企业所得税税前扣除？

徐箐指导：根据《国家税务总局关于固定资产加速折旧税收政策有关问题的公告》（国家税务总局公告 2014 年第 64 号）的规定，企业在 2014 年 1 月 1 日后购进并专门用于研发活动的仪器、设备，单位价值不超过 100 万元的，可以一次性在计算应纳税所得额时扣除。

注意：企业除了在 2013 年底购入单位价值在 5000 元以上但不超过 100 万元用于研发活动的仪器、设备不可以在计算应纳税所得额时一次性扣除，2014 年之后的可以按照规定一次性在计算应纳税所得额时扣除。

3. 如果企业当年符合条件的研发费用没有享受加计扣除的税收优惠，是否视为企业自行放弃？

徐箐指导：根据《财政部、国家税务总局关于完善研究开发费用税前加计扣除政策的通知》（财税〔2015〕119 号）第五条第 4 款的规定，企业符合本通知规定的研发费用加计扣除条件而在 2016 年 1 月 1 日以后未及时享受该项税收优惠的，可以追溯享受并履行备案手续，追溯期限最长为 3 年（注意：其他费用追溯 5 年）。

4. 企业向中华人民共和国境外的社会组织实施股权捐赠的，企业所得税如何处理？

徐箐指导：根据《财政部、国家税务总局关于公益股权捐赠企业所得税政策问题的通知》（财税〔2016〕45 号）第四条的规定，所称股权捐赠行为，是指企业向中华人民共和国境内公益性社会团体实施的股权捐赠行为。企业向中华人民共和国境外的社会组织或团体实施的股权捐赠行为不适用本通知规定。

5. 企业向公益性社会团体实施的股权捐赠，如何确定收入额和捐赠额？

徐箐指导：《财政部、国家税务总局关于公益股权捐赠企业所得税政策问题的通知》（财税〔2016〕45 号）的规定，①企业向公益性社会团体实施的股权捐赠，应按规定视同转让股权，股权转让收入额以企业所捐赠股权取得时的历史成本确定。前款所称的股权，是指企业持有的其他企业的股权、上市公司股票等。

②企业实施股权捐赠后，以其股权历史成本为依据确定捐赠额，并依此按照企业所得税法有关规定在所得税前予以扣除。公益性社会团体接受股权捐赠后，应按照捐赠企业提供的股权历史成本开具捐赠票据。③本通知所称公益性社会团体，是指注册在中华人民共和国境内，以发展公益事业为宗旨，且不以营利为目的，并经确定为具有接受捐赠税前扣除资格的基金会、慈善组织等公益性社会团体。

注意：所称股权捐赠行为，是指企业向中华人民共和国境内公益性社会团体实施的股权捐赠行为。企业向中华人民共和国境外的社会组织或团体实施的股权捐赠行为不适用本通知规定。

执行期为：2016年1月1日起执行。

6. 股权溢价形成的资本公积转增资本，投资方企业是否需要申报缴纳企业所得税?

徐箐指导：根据《国家税务总局关于贯彻落实企业所得税法若干税收问题的通知》（国税函〔2010〕79号）的规定，关于股息、红利等权益性投资收益收入确认问题被投资企业将股权（票）溢价所形成的资本公积转为股本的，不作为投资方企业的股息、红利收入，投资方企业也不得增加该项长期投资的计税基础。

7. 企业当年计提的工资，在第二年汇算清缴之前发放的，企业所得税税前是否需要纳税调增?

徐箐指导：不需要调增。根据《国家税务总局关于企业工资薪金和职工福利费等支出税前扣除问题的公告》（国家税务总局公告2015年第34号）第二条的规定，企业在年度汇算清缴结束前向员工实际支付的已预提汇缴年度工资薪金，准予在汇缴年度按规定扣除。

8. 单位每年组织员工进行体检，体检费用是否可以在企业所得税税前扣除？

徐箐指导：根据《国家税务总局关于企业工资薪金及职工福利费扣除问题的通知》（国税函〔2009〕3 号）第三条第（二）款的规定，为职工卫生保健、生活、住房、交通等所发放的各项补贴和非货币性福利，包括企业向职工发放的因公外地就医费用、未实行医疗统筹企业职工医疗费用、职工供养直系亲属医疗补贴、供暖费补贴、职工防暑降温费、职工困难补贴、救济费、职工食堂经费补贴、职工交通补贴等。

因此，单位每年组织员工进行体检属于此范围之内，可以作为职工福利费在企业所得税税前扣除。

9. 已认定的享受免税优惠政策的非营利组织在什么情形下取消其资格？

徐箐指导：根据《财政部、税务总局关于非营利组织免税资格认定管理有关问题的通知》（财税〔2018〕13 号）的规定，已认定的享受免税优惠政策的非营利组织有下述情形之一的，应自该情形发生年度起取消其资格：①登记管理机关在后续管理中发现非营利组织不符合相关法律法规和国家政策的；②在申请认定过程中提供虚假信息的；③纳税信用等级为税务部门评定的 C 级或 D 级的；④通过关联交易或非关联交易和服务活动，变相转移、隐匿、分配该组织财产的；⑤被登记管理机关列入严重违法失信名单的；⑥从事非法政治活动的。

10. 企业注销清算所得，是否可以弥补以前年度亏损？

徐箐指导：根据《中华人民共和国企业所得税法》（中华人民共和国主席令第 63 号）第十八条的规定，企业纳税年度发生的亏损，准予向以后年度结转，用以后年度的所得弥补，但结转年限最长不得超过 5 年。

《财政部、国家税务总局关于企业清算业务企业所得税处理若干问题的通知》（财税〔2009〕60 号）的规定："企业清算的所得税处理包括以下内容：……（四）依法弥补亏损，确定清算所得……"因此，企业注销清算所得可以弥补以前年度亏损。

11. 固定资产加速折旧与研究开发费用加计扣除优惠政策是否可以同时享受？

徐箐指导：根据《国家税务总局关于企业研究开发费用税前加计扣除政策有关问题的公告》（国家税务总局公告 2015 年第 97 号）的规定，企业用于研发活动的仪器、设备，符合税法规定且选择加速折旧优惠政策的，在享受研发费用税前加计扣除时，就已经进行会计处理计算的折旧、费用的部分加计扣除，但不得超过按税法规定计算的金额。

12. 企业委托外部机构或个人进行研发活动所发生的费用是否允许企业所得税加计扣除？

徐箐指导：根据《财政部、国家税务总局、科技部关于完善研究开发费用税前加计扣除政策的通知》（财税〔2015〕119 号）的规定，企业委托外部机构或个人进行研发活动所发生的费用，按照费用实际发生额的 80% 计入委托方研发费用并计算加计扣除，受托方不得再进行加计扣除。委托外部研究开发费用实际发生额应按照独立交易原则确定。委托方与受托方存在关联关系的，受托方应向委托方提供研发项目费用支出明细情况。企业委托境外机构或个人进行研发活动所发生的费用，不得加计扣除。

13. 单位的工会组织从总工会领取的专用收款收据，是否可以作为企业所得税税前扣除凭据？

徐箐指导：根据《国家税务总局关于工会经费企业所得税税前扣除凭据问题的公告》（国家税务总局公告 2010 年第 24 号）的规定，自 2010 年 7 月 1 日起，企业拨缴的职工工会经费，不超过工资薪金总额 2% 的部分，凭工会组织开具的《工会经费收入专用收据》在企业所得税税前扣除。

14. 高新技术企业的名称变更，是否可以继续享受税收优惠政策？

徐箐指导：根据《科技部、财政部、国家税务总局关于修订印发〈高新技术企业认定管理办法〉的通知》（国科发火〔2016〕32 号）的规定，高新技术企业发生更名或与认定条件有关的重大变化（如分立、合并、重组以及经营业务发生变化等）应在 3 个月内向认定机构报告。经认定机构审核符合认定条件的，其高新技术企业资格不变，对于企业更名的，重新核发认定证书，编号与有效期不变；不符合认定条件的，自更名或条件变化年度起取消其高新技术企业资格。

15. 软件企业、集成电路企业享受企业所得税优惠政策，是否每年都需要向主管税务机关备案？

徐箐指导：根据《财政部、国家税务总局、发展改革委、工业和信息化部关于软件和集成电路产业企业所得税优惠政策有关问题的通知》（财税〔2016〕49号）的规定，享受财税〔2012〕27号文件规定的税收优惠政策的软件、集成电路企业，每年汇算清缴时应按照《国家税务总局关于发布〈企业所得税优惠政策事项办理办法〉的公告》（国家税务总局公告2015年第76号）规定向税务机关备案，同时提交《享受企业所得税优惠政策的软件和集成电路企业备案资料明细表》规定的备案资料。

16. 小型微利企业税收优惠和软件企业两免三减半能否同时享受？

徐箐指导：根据《财政部、国家税务总局关于进一步鼓励软件产业和集成电路产业发展企业所得税政策的通知》（财税〔2012〕27号）第二十二的规定，集成电路生产企业、集成电路设计企业、软件企业等依照本通知规定可以享受的企业所得税优惠政策与企业所得税其他相同方式优惠政策存在交叉的，由企业选择一项最优惠政策执行，不叠加享受。因此，小型微利企业税收优惠与软件企业两免三减半不得同时享受。

17. 纳税人什么情况下可以申请延期缴纳税款？

徐箐指导：根据《中华人民共和国税收征收管理法》（以下简称《税收征管法》）第31条的规定，纳税人、扣缴义务人按照法律、行政法规规定或者税务机关依照法律、行政法规的规定确定的期限，缴纳或者解缴税款。

纳税人因有特殊困难，不能按期缴纳税款的，经省、自治区、直辖市国家税务局、地方税务局批准，可以延期缴纳税款，但是最长不得超过 3 个月。

根据《中华人民共和国税收征收管理法实施细则》第 41 条的规定，纳税人有下列情形之一的，属于《税收征管法》第 31 条所称特殊困难：①因不可抗力，导致纳税人发生较大损失，正常生产经营活动受到较大影响的；②当期货币资金在扣除应付职工工资、社会保险费后，不足以缴纳税款的。计划单列市国家税务局、地方税务局可以参照税收征管法第 31 条第 2 款的批准权限，审批纳税人延期缴纳税款。

18. 企业当年符合条件的研发费用没有享受加计扣除的税收优惠，是否相当于企业自行放弃?

徐箐指导：根据《财政部、国家税务总局关于完善研究开发费用税前加计扣除政策的通知》（财税〔2015〕119 号）第五条第 4 款的规定，企业符合本通知规定的研发费用加计扣除条件而在 2016 年 1 月 1 日以后未及时享受该项税收优惠的，可以追溯享受并履行备案手续，追溯期限最长为 3 年。

19. 企业用于研发活动的设备享受了加速折旧的优惠，如何进行研发费用的加计扣除?

徐箐指导：根据《国家税务总局关于企业研究开发费用税前加计扣除政策有关问题的公告》（国家税务总局公告 2015 年第 97 号）的规定，加速折旧费用的归集企业用于研发活动的仪器、设备，符合税法规定且选择加速折旧优惠政策的，在享受研发费用税前加计扣除时，就已经进行会计处理计算的折旧、费用的部分加计扣除，但不得超过按税法规定计算的金额。

20. 企业外聘研发人员的费用，是否可以享受企业所得税加计扣除的优惠？

徐箐指导：根据《财政部、国家税务总局、科技部关于完善研究开发费用税前加计扣除政策的通知》（财税〔2015〕119 号）第一条及第六条的规定，自 2016 年 1 月 1 日起，外聘研发人员的劳务费用可以享受企业所得税加计扣除优惠。

21. 企业委托其他单位进行研发，发生的研发费用是否可以享受加计扣除的优惠？

徐箐指导：根据《财政部、国家税务总局、科技部关于完善研究开发费用税前加计扣除政策的通知》（财税〔2015〕119 号）第二条及第六条的规定，自 2016 年 1 月 1 日起，企业委托外部机构或个人进行研发活动所发生的费用，按照费用实际发生额的 80% 计入委托方研发费用并计算加计扣除，受托方不得再进行加计扣除。

22. 设备既用于研发活动又用于非研发活动，其费用如何在企业所得税税前扣除？

徐箐指导：根据《国家税务总局关于企业研究开发费用税前加计扣除政策有关问题的公告》（国家税务总局公告 2015 年第 97 号）第二条第（二）项和第八条的规定，自 2016 年度及以后年度企业所得税汇算清缴起，企业从事研发活动的人员和用于研发活动的仪器、设备、无形资产，同时从事或用于非研发活动的，应对其人员活动及仪器设备、无形资产使用情况做必要记录，并将其实际发生的相关费用按实际工时占比等合理方法在研发费用和生产经营费用间分配，未分配的不得加计扣除。

23. 哪些企业不允许使用研发费用加计扣除优惠政策?

徐箐指导：根据《财政部、国家税务总局、科技部关于完善研究开发费用税前加计扣除政策的通知》（财税〔2015〕119号）第四条及第六条的规定，自2016年1月1日起，下列行业不适用税前加计扣除政策。①烟草制造业。②住宿和餐饮业。③批发和零售业。④房地产业。⑤租赁和商务服务业。⑥娱乐业。⑦财政部和国家税务总局规定的其他行业。

注意：上述行业以《国民经济行业分类与代码（GB/4754-2011)》为准，并随之更新。

根据《国家税务总局关于企业研究开发费用税前加计扣除政策有关问题的公告》（国家税务总局公告2015年第97号）规定第四条及第八条的规定，自2016年度及以后年度企业所得税汇算清缴起按照下列方法判定不适用加计扣除政策行业。

不适用税前加计扣除政策行业的企业，是指以上述所列行业业务为主营业务，其研发费用发生当年的主营业务收入占企业按《税法》第六条规定计算的收入总额减除不征税收入和投资收益的余额50%（不含）以上的企业。

24. 是否所有企业都可以享受技术先进型服务企业所得税优惠政策?

徐箐指导：根据《财政部、税务总局、商务部、科技部、国家发展改革委关于将技术先进型服务企业所得税政策推广至全国实施的通知》（财税〔2017〕79号）第一条的规定，自2017年1月1日起，在全国范围内实行以下企业所得税优惠政策：①对经认定的技术先进型服务企业，减按15%的税率征收企业所得税。②经认定的技术先进型服务企业发生的职工教育经费支出，不超过工资薪金总额8%的部分，准予在计算应纳税所得额时扣除；超过部分，准予在以后纳税年度结转扣除。

25. 符合固定资产加速折旧（扣除）条件的企业可以自行选择是否享受该项优惠？

徐箐指导：根据《财政部、国家税务总局关于进一步完善固定资产加速折旧企业所得税政策的通知》（财税〔2015〕106号）的规定，按照企业所得税法及其实施条例有关规定，企业根据自身生产经营需要，也可选择不实行加速折旧政策。

26. 哪些企业所得税优惠项目不能在季度预缴时享受？

徐箐指导：根据《国家税务总局关于发布〈企业所得税优惠政策事项办理办法〉的公告》（国家税务总局公告2015年第76号）附件2《企业所得税优惠事项备案管理目录》（2015年版）的规定，以下所得税优惠项目仅在汇算清缴时享受，季度预缴时不得享受：

（1）开发新技术、新产品、新工艺发生的研究开发费用加计扣除；

（2）安置残疾人员及国家鼓励安置的其他就业人员所支付的工资加计扣除；

（3）创业投资企业按投资额的一定比例抵扣应纳税所得额；

（4）有限合伙制创业投资企业法人合伙人按投资额的一定比例抵扣应纳税所得额；

（5）受灾地区的促进就业企业限额减征企业所得税；

（6）支持和促进重点群体创业就业企业限额减征企业所得税；

（7）扶持自主就业退役士兵创业就业企业限额减征企业所

得税；

（8）购置用于环境保护、节能节水、安全生产等专用设备的投资额按一定比例实行税额抵免；

（9）税会处理不一致的固定资产或购入软件（仅指企业所得税法中规定的由于技术进步产品更新换代较快的固定资产和常年处于强震动、高腐蚀状态的固定资产以及集成电路生产企业的生产设备和企业外购软件）的加速折旧或摊销。

27. 如何确定小型微利企业？

徐箐指导：根据《财政部、国家税务总局关于小型微利企业所得税优惠政策的通知》（财税〔2015〕34 号）第二条的规定，企业所得税法实施条例第九十二条第（一）项和第（二）项所称从业人数，包括与企业建立劳动关系的职工人数和企业接受的劳务派遣用工人数。

从业人数和资产总额指标，应按企业全年的季度平均值确定。具体计算公式如下：

$$季度平均值 = (季初值 + 季末值) \div 2$$

$$全年季度平均值 = 全年各季度平均值之和 \div 4$$

年度中间开业或者终止经营活动的，以其实际经营期作为一个纳税年度确定上述相关指标。

上述计算方法自 2015 年 1 月 1 日起执行。

28. 企业所得税汇算清缴时形成多缴，在申请退税时可否要求加算银行利息？

徐箐指导：根据《中华人民共和国税收征收管理法》第 51 条的规定，纳税人超过应纳税额缴纳的税款，税务机关发现后应当立即退还；纳税人自结算缴纳税款之日起 3 年内发现的，可以向税务机关要求退还多缴的税款并加算银行同期存款利息，税务机关及时查实后应当立即退还；涉及从国库中退库的，依照法律、行政法规有关国库管理的规定退还。另据《中华人民共和国税收征收管理法实施细则》第 78 条第 2 款规定，税收征管法第 51 条规定的加算银行同期存款利息的多缴税款退税，不包括依法预缴税款形成的结算退税、出口退税和各种减免退税。

注意：根据上述企业汇算清缴形成的多缴，属于依法预缴税款形成的退税，不符合加算利息的规定，不得要求加算银行利息。

29. 研发费用加计扣除可以在企业所得税季度预缴时享受吗？

徐箐指导：根据《国家税务总局关于发布〈企业所得税优惠政策事项办理办法〉的公告》（国家税务总局公告 2015 年第 76 号）附件 2：企业所得税优惠事项备案管理目录（2015 年版）的规定，研发费用加计扣除的优惠只能在汇算清缴时享受。

30. 汇总纳税的企业分支机构在年度中间注销，年终汇算清缴时按什么分摊比例进行补税或退税？

徐箐指导：根据《国家税务总局关于印发〈跨地区经营汇总纳税企业所得税征收管理办法〉的公告》（国家税务总局公告 2012 年第 57 号）的规定："第五条　以下二级分支机构不就地分摊缴纳企业所得税：（四）当年撤销的二级分支机构，自办理注销税务登记之日所属企业所得税预缴期间起，不就地分摊缴纳企业所得税。第十条　汇总纳税企业应当自年度终了之日起 5 个月内，由总机构汇总计算企业年度应纳所得税额，扣除总机构和各分支机构已预缴的税款，计算出应缴应退税款，按照本办法规定的税款分摊方法计算总机构和分支机构的企业所得税应缴应退税款，分别由总机构和分支机构就地办理税款缴库或退库。……预缴税款超过应缴税款的，主管税务机关应及时按有关规定分别办理退税，或者经总、分机构同意后分别抵缴其下一年度应缴企业所得税税款。第十五条……分支机构分摊比例按上述方法一经确定后，除出现本办法第五条第（四）项和第十六条第二、第三款情形外，当年不作调整。”

根据《财政部、国家税务总局、中国人民银行关于印发〈跨省市总分机构企业所得税分配及预算管理办法〉的通知》（财预〔2012〕40 号）第四条的规定，企业总机构汇总计算企业年度应纳所得税额，扣除总机构和各境内分支机构已预缴的税款，计算出应补应退税款，分别由总机构和各分支机构（不包括当年已办理注销税务登记的分支机构）就地办理税款缴库或退库。

因此，当年有注销分支机构的情况，注销的分支机构应自办理注销税务登记之日起不再就地分摊缴纳企业所得税，并且调整分配比例。年度终了汇算清缴时，按调整后的分配比例计算现有分支机构应补和应退税款。

31. 企业重组中，取得股权支付的原主要股东在重组一年以后转让取得的股权，是否还符合特殊性税务处理的条件？

徐箐指导：根据《财政部、国家税务总局关于企业重组业务企业所得税处理若干问题的通知》（财税〔2009〕59 号）规定：“五、企业重组同时符合下列条件的，适用特殊性税务处理规定：……（五）企业重组中取得股权支付的原主要股东，在重组后连续 12 个月内，不得转让所取得的股权。”

因此，原主要股东在重组一年后转让取得的股权，不影响其特殊性税务处理的条件。

32. 企业跨省迁移是否需要进行企业所得税清算处理？

徐箐指导：按照《财政部、国家税务总局关于企业清算业务企业所得税处理若干问题的通知》（财税〔2009〕60 号）第一条的规定，企业清算的所得税处理，是指企业在不再持续经营，发生结束自身业务、处置资产、偿还债务以及向所有者分配剩余财产等经济行为时，对清算所得、清算所得税、股息分配等事项的处理。企业迁往京外，仍持续经营，不结束自身业务，不应进行企业清算的所得税处理。

按照《财政部、国家税务总局关于企业重组业务企业所得税处理若干问题的通知》（财税〔2009〕59 号）第一条的规定，企业法律形式改变，是指企业注册名称、住所以及企业组织形式等的简单改变；按照财税〔2009〕59 号第四条第（一）项的规定，企业由法人转变为个人独资企业、合伙企业等非法人组织，或将登记注册地转移至中华人民共和国境外（包括港澳台地区），应视同企业进行清算、分配，股东重新投资成立新企业。企业的全部资产以及股东投资的计税基础均应以公允价值为基础确定。企业发生其他法律形式简单改变的，可直接变更税务登记，除另有规定外，有关企业所得税纳税事项（包括亏损结转、税收优惠等权益和义务）由变更后企业承继，但因住所发生变化而不符合税收优惠条件的除外。企业将经营地址变更属于企业法律形式改变，可直接变更税务登记，除另有规定外，有关企业所得税纳税事项（包括亏损结转、税收优惠等权益和义务）由变更后企业承继，不需清算。

33. 公司享受研发费用加计扣除的企业所得税优惠政策，在什么时间内需要向税务机关报送什么资料？

徐箐指导：根据《国家税务总局关于企业研究开发费用税前加计扣除政策有关问题的公告》（国家税务总局公告 2015 年第 97 号）第六条的规定：自 2016 年 1 月 1 日起，纳税人享受研发费用加计扣除企业所得税优惠政策，应当按照下列要求报送有关资料及备案。

（1）企业年度纳税申报时，根据研发支出辅助账汇总表填报研发项目可加计扣除研发费用情况归集表（见国家税务总局公告 2015 年第 97 号附件），在年度纳税申报时随申报表一并报送。

（2）研发费用加计扣除实行备案管理，除“备案资料”和“主要留存备查资料”按照国家税务总局公告 2015 年第 97 号公告规定执行外，其他备案管理要求按照《国家税务总局关于发布〈企业所得税优惠政策事项办理办法〉的公告》（国家税务总局公告 2015 年第 76 号）的规定执行。

（3）企业应当不迟于年度汇算清缴纳税申报时，向税务机关报送《企业所得税优惠事项备案表》和研发项目文件完成备案，并将下列资料留存备查：①自主、委托、合作研究开发项目计划书和企业有权部门关于自主、委托、合作研究开发项目立项的决议文件；②自主、委托、合作研究开发专门机构或项目组的编制情况和研发人员名单；③经科技行政主管部门登记的委托、合作研究开发项目的合同；④从事研发活动的人员和用于研发活动的仪器、设备、无形资产的费用分配说明（包括工作使用情况记录）；⑤集中研发项目研发费决算表、集中研发项目费用分摊明细情况表和实际分享收益比例等资料；⑥“研发支出”辅助账；⑦企业如果已取得地市级（含）以上科技行政主管部门出具的鉴定意见，应作为资料留存备查；⑧省税务机关规定的其他资料。

34. 企业所得税对工资薪金总额是如何界定的?

徐箐指导：根据《国家税务总局关于企业工资薪金及职工福利费扣除问题的通知》（国税函〔2009〕3 号）第二款的规定，《实施条例》第四十、第四十一、第四十二条所称的“工资薪金总额”，是指企业按照本通知第一条规定实际发放的工资薪金总和，不包括企业的职工福利费、职工教育经费、工会经费以及养老保险费、医疗保险费、失业保险费、工伤保险费、生育保险费等社会保险费和住房公积金。属于国有性质的企业，其工资薪金，不得超过政府有关部门给予的限定数额；超过部分，不得计入企业工资薪金总额，也不得在计算企业应纳税所得额时扣除。

在此大家要注意：支工资总额作为三费计提基数，其重要性就在于人员及金额的准确性。

35. 企业每月给员工报销部分车费，能否在企业所得税税前扣除?

徐箐指导：根据《国家税务总局关于企业工资薪金及职工福利费扣除问题的通知》（国税函〔2009〕3 号）规定：“三、关于职工福利费扣除问题《实施条例》第四十条规定的企业职工福利费，包括以下内容：……（二）为职工卫生保健、生活、住房、交通等所发放的各项补贴和非货币性福利，包括企业向职工发放的因公外地就医费用、未实行医疗统筹企业职工医疗费用、职工供养直系亲属医疗补贴、供暖费补贴、职工防暑降温费、职工困难补贴、救济费、职工食堂经费补贴、职工交通补贴等。”

根据《国家税务总局关于企业工资薪金和职工福利费等支出税前扣除问题的公告》（国家税务总局公告 2015 年第 34 号）的规定：“一、企业福利性补贴支出税前扣除问题　列入企业员工工资薪金制度、固定与工资薪金一起发放的福利性补贴，符合《国家税务总局关于企业工资薪金及职工福利费扣除问题的通知》（国税函〔2009〕3 号）第一条规定的，可作为企业发生的工资薪金支出，按规定在税前扣除。”

注意：不能同时符合上述条件的福利性补贴，应作为国税函〔2009〕3 号文件第三条规定的职工福利费，按规定计算限额税前扣除。

36. 企业的固定资产达到使用年限报废产生的损失，是否可以在企业所得税税前扣除？

徐箐指导：根据《国家税务总局关于发布〈企业资产损失所得税税前扣除管理办法〉的公告》（国家税务总局公告〔2011〕25 号）的规定：“第七条　企业在进行企业所得税年度汇算清缴申报时，可将资产损失申报材料和纳税资料作为企业所得税年度纳税申报表的附件一并向税务机关报送。

第八条　企业资产损失按其申报内容和要求的不同，分为清单申报和专项申报两种申报形式。其中，属于清单申报的资产损失，企业可按会计核算科目进行归类、汇总，然后再将汇总清单报送税务机关，有关会计核算资料和纳税资料留存备查；属于专项申报的资产损失，企业应逐项（或逐笔）报送申请报告，同时附送会计核算资料及其他相关的纳税资料。企业在申报资产损失税前扣除过程中不符合上述要求的，税务机关应当要求其改正，企业拒绝改正的，税务机关有权不予受理。

第九条　下列资产损失，应以清单申报的方式向税务机关申报扣除：

（一）企业在正常经营管理活动中，按照公允价格销售、转让、变卖非货币资产的损失；

（二）企业各项存货发生的正常损耗；

（三）企业固定资产达到或超过使用年限而正常报废清理的损失；

（四）企业生产性生物资产达到或超过使用年限而正常死亡发生的资产损失；

（五）企业按照市场公平交易原则，通过各种交易场所、市场等买卖债券、股票、期货、基金以及金融衍生产品等发生的损失。”

37. 企业不征税收入其发生的相关费用，能否在企业所得税税前扣除？

徐箐指导：根据《财政部、国家税务总局关于专项用途财政性资金企业所得税处理问题的通知》（财税〔2011〕70 号）的规定：“一、企业从县级以上各级人民政府财政部门及其他部门取得的应计入收入总额的财政性资金，凡同时符合以下条件的，可以作为不征税收入，在计算应纳税所得额时从收入总额中减除：

（一）企业能够提供规定资金专项用途的资金拨付文件；

（二）财政部门或其他拨付资金的政府部门对该资金有专门的资金管理办法或具体管理要求；

（三）企业对该资金以及以该资金发生的支出单独进行核算。

二、根据实施条例第二十八条的规定，上述不征税收入用于支出所形成的费用，不得在计算应纳税所得额时扣除；用于支出所形成的资产，其计算的折旧、摊销不得在计算应纳税所得额时扣除。

三、企业将符合本通知第一条规定条件的财政性资金作不征税收入处理后，在 5 年（60 个月）内未发生支出且未缴回财政部门或其他拨付资金的政府部门的部分，应计入取得该资金第六年的应税收入总额；计入应税收入总额的财政性资金发生的支出，允许在计算应纳税所得额时扣除。”

38. 企业取得集团总部的补贴收入，是否缴纳企业所得税？

徐箐指导：根据《中华人民共和国企业所得税法》（中华人民共和国主席令第 63 号）第六条的规定，企业以货币形式和非货币形式从各种来源取得的收入，为收入总额。包括：（九）其他收入。

根据《中华人民共和国企业所得税法实施条例》（中华人民共和国国务院令第 512 号）第二十二条的规定，企业所得税法第六条第（九）项所称其他收入，是指企业取得的除企业所得税法第六条第（一）项至第（八）项规定的收入外的其他收入，包括企业资产溢余收入、逾期未退包装物押金收入、确实无法偿付的应付款项、已作坏账损失处理后又收回的应收款项、债务重组收入、补贴收入、违约金收入、汇兑收益等。

39. 企业转让股权如何确认股权转让所得？

徐箐指导：根据《国家税务总局关于贯彻落实企业所得税法若干税收问题的通知》（国税函〔2010〕79 号）的规定，企业转让股权收入，应于转让协议生效且完成股权变更手续时，确认收入的实现。转让股权收入扣除为取得该股权所发生的成本后，为股权转让所得。企业在计算股权转让所得时，不得扣除被投资企业未分配利润等股东留存收益中按该项股权所可能分配的金额。

40. 企业跨年度一次性取得的租金收入如何申报纳税?

徐箐指导：根据《国家税务总局关于贯彻落实企业所得税法若干税收问题的通知》（国税函〔2010〕79 号）的规定，企业提供固定资产、包装物或者其他有形资产的使用权取得的租金收入，应按交易合同或协议规定的承租人应付租金的日期确认收入的实现。其中，如果交易合同或协议中规定租赁期限跨年度，且租金提前一次性支付的，根据《实施条例》第九条规定的收入与费用配比原则，出租人可对上述已确认的收入，在租赁期内，分期均匀计入相关年度收入。

出租方如为在我国境内设有机构场所，且采取据实申报缴纳企业所得的非居民企业，也按本条规定执行。

41. 符合条件的非上市公司股票期权、股权期权、限制性股票和股权奖励如何进行税务处理?

徐箐指导：依据《财政部、国家税务总局关于完善股权激励和技术入股有关所得税政策的通知》（财税〔2016〕101 号）的规定，非上市公司授予本公司员工的股票期权、股权期权、限制性股票和股权奖励，符合规定条件的，经向主管税务机关备案，可实行递延纳税政策，即员工在取得股权激励时可暂不纳税，递延至转让该股权时纳税；股权转让时，按照股权转让收入减除股权取得成本以及合理税费后的差额，适用“财产转让所得”项目，按照 20% 的税率计算缴纳个人所得税。

注意：股权转让时，股票（权）期权取得成本按行权价确定，限制性股票取得成本按实际出资额确定，股权奖励取得成本为零。

42. 享受递延纳税政策的非上市公司股权激励必须同时满足哪些条件？

徐箐指导：依据《财政部、国家税务总局关于完善股权激励和技术入股有关所得税政策的通知》（财税〔2016〕101 号）的规定：

（1）属于境内居民企业的股权激励计划。

（2）股权激励计划经公司董事会、股东（大）会审议通过。未设股东（大）会的国有单位，经上级主管部门审核批准。股权激励计划应列明激励目的、对象、标的、有效期、各类价格的确定方法、激励对象获取权益的条件、程序等。

（3）激励标的应为境内居民企业的本公司股权。股权奖励的标的可以是技术成果投资入股到其他境内居民企业所取得的股权。激励标的股票（权）包括通过增发、大股东直接让渡以及法律法规允许的其他合理方式授予激励对象的股票（权）。

（4）激励对象应为公司董事会或股东（大）会决定的技术骨干和高级管理人员，激励对象人数累计不得超过本公司最近 6 个月在职职工平均人数的 30%。

（5）股票（权）期权自授予日起应持有满 3 年，且自行权日起持有满 1 年；限制性股票自授予日起应持有满 3 年，且解禁后持有满 1 年；股权奖励自获得奖励之日起应持有满 3 年。上述时间条件需在股权激励计划中列明。

（6）股票（权）期权自授予日至行权日的时间不得超过10 年。

（7）实施股权奖励的公司及其奖励股权标的公司所属行业均不属于《股权奖励税收优惠政策限制性行业目录》范围（见附件）。公司所属行业按公司上一纳税年度主营业务收入占比最高的行业确定。

注意：所称股票（权）期权是指公司给予激励对象在一定期限内以事先约定的价格购买本公司股票（权）的权利；所称限制性股票是指公司按照预先确定的条件授予激励对象一定数量的本公司股权，激励对象只有工作年限或业绩目标符合股权激励计划规定条件的才可以处置该股权；所称股权奖励是指企业无偿授予激励对象一定份额的股权或一定数量的股份。

股权激励计划所列内容不同时满足财税〔2016〕101 号第一条第（二）款规定的全部条件，或递延纳税期间公司情况发生变化，不再符合第一条第（二）款第 4 至 6 项条件的，不得享受递延纳税优惠，应按规定计算缴纳个人所得税。

43. 公益股权捐赠企业所得税处理四个方面的要求是什么？

徐箐指导：根据财政部与国家税务总局联合发布的《关于公益股权捐赠企业所得税政策问题的通知》（财税〔2016〕45 号）的规定，应注意以下几点：

（1）哪些股权可以作为捐赠的标的物？

捐赠是指企业向公益性社会团体实施的股权捐赠，股权的范围包括企业持有的其他企业的股权、上市公司股票等。

（2）受赠对象要满足什么条件？

捐赠接受方，即公益性社会团体，是指注册在中华人民共和国境内，以发展公益事业为宗旨、且不以营利为目的，并经确定为具有接受捐赠税前扣除资格的基金会、慈善组织等公益性社会团体。对公益性社会团体以外的范围进行的股权捐赠不适用45号文的规定。

（3）捐赠行为有何限制？

股权捐赠行为，是指企业向中华人民共和国境内公益性社会团体实施的股权捐赠，向境外的社会组织或团体实施的股权捐赠行为不适用45号文规定。

（4）如何进行税务处理？

①股权捐赠是否确认收入？

依据《国家税务总局关于企业处置资产所得税处理问题的通知》（国税函〔2008〕828号文）的规定，企业将资产用于对外捐赠应按规定视同销售确定收入，因此股权捐赠应当视同股权转让确认收入。

②按什么金额确认转让收入？

股权捐赠应当视同股权转让确认收入，收入额按照45号文的规定以捐赠股权取得时的历史成本作为转让收入。

③捐赠额如何确定及扣除？

企业实施股权捐赠后，以其股权历史成本为依据确定捐赠额，并按照企业所得税法第九条规定，发生的公益性捐赠支出额在年度利润总额12%以内的部分在所得税前予以扣除。

④合法票据有哪些？

公益性社会团体接受股权捐赠后，应按照捐赠企业提供的股权历史成本开具捐赠票据。捐赠票据应为省级以上（含省级）财政部门印制并加盖接受捐赠单位印章的公益性捐赠票据，或加盖接受捐赠单位印章的《非税收入一般缴款书》。

44. 企业发生的存货盘盈，是否需要申报缴纳企业所得税？

徐箐指导：根据《中华人民共和国企业所得税法》（中华人民共和国主席令第 63 号）的规定，企业以货币形式和非货币形式从各种来源取得的收入，为收入总额。包括：所称其他收入，是指企业取得的除企业所得税法第六条第（一）项至第（八）项规定的收入外的其他收入，包括企业资产溢余收入、逾期未退包装物押金收入、确实无法偿付的应付款项、已作坏账损失处理后又收回的应收款项、债务重组收入、补贴收入、违约金收入、汇兑收益等。

45. 企业支付给员工的补充养老保险，是否可以在企业所得税税前扣除？

徐箐指导：根据《财政部、国家税务总局关于补充养老保险费补充医疗保险费有关企业所得税政策问题的通知》（财税〔2009〕27 号）的规定，自 2008 年 1 月 1 日起，企业根据国家有关政策规定，为在本企业任职或者受雇的全体员工支付的补充养老保险费、补充医疗保险费，分别在不超过职工工资总额 5% 标准内的部分，在计算应纳税所得额时准予扣除；超过的部分，不予扣除。

46. 用工企业支付给劳务派遣员工的工资，是否可以在企业所得税税前扣除？

徐箐指导：根据《国家税务总局关于企业工资薪金和职工福利费等支出税前扣除问题的公告》（国家税务总局公告 2015 年第 34 号）第三条的规定，企业接受外部劳务派遣用工所实际发生的费用，应分两种情况按规定在税前扣除：按照协议（合同）

约定直接支付给劳务派遣公司的费用，应作为劳务费支出；直接支付给员工个人的费用，应作为工资薪金支出和职工福利费支出。其中属于工资薪金支出的费用，准予计入企业工资薪金总额的基数，作为计算其他各项相关费用扣除的依据。

47. 先进型服务企业的职工教育经费按照多少比例可以在企业所得税税前扣除？

徐箐指导：根据《财政部、国家税务总局、商务部、科技部、国家发展改革委关于完善技术先进型服务企业有关企业所得税政策问题的通知》（财税〔2014〕59 号）的规定，自 2014 年 1 月 1 日起至 2018 年 12 月 31 日止，在北京、天津、上海、重庆、大连、深圳、广州、武汉、哈尔滨、成都、南京、西安、济南、杭州、合肥、南昌、长沙、大庆、苏州、无锡、厦门 21 个中国服务外包示范城市（以下简称“示范城市”）继续实行的企业所得税优惠政策有一项为：经认定的技术先进型服务企业发生的职工教育经费支出，不超过工资薪金总额 8% 的部分，准予在计算应纳税所得额时扣除；超过部分，准予在以后纳税年度结转扣除。

48. 哪些企业固定资产可以一次性在计算应纳税所得额时进行税前扣除？

徐箐指导：根据《财政部、国家税务总局关于完善固定资产加速折旧企业所得税政策的通知》（财税〔2014〕75 号）第三条的规定，对所有行业企业持有的单位价值不超过 5000 元的固定资产，允许一次性计入当期成本费用在计算应纳税所得额时扣除，不再分年度计算折旧。

因此，“企业持有的固定资产，单位价值不超过 5000 元的，可以一次性在计算应纳税所得额时扣除”是指所有企业。

注意：根据《关于固定资产加速折旧税收政策有关问题的公告》（国家税务总局公告 2014 年第 64 号）第三条的规定，企业持有的固定资产，单位价值不超过 5000 元的，可以一次性在计算应纳税所得额时扣除。企业在 2013 年 12 月 31 日前持有的单位价值不超过 5000 元的固定资产，其折余价值部分，2014 年 1 月 1 日以后可以一次性在计算应纳税所得额时扣除。

由此，原来已经计提折旧的固定资产其折余价值部分可以一次性扣除。

49. 上市公司股票期权、限制性股票和股权奖励适当延长的纳税期限是多久？

徐箐指导：根据《财政部、国家税务总局关于完善股权激励和技术入股有关所得税政策的通知》（财税〔2016〕101 号）的规定，应注意两个方面：

（1）上市公司授予个人的股票期权、限制性股票和股权奖励，经向主管税务机关备案，个人可自股票期权行权、限制性股票解禁或取得股权奖励之日起，在不超过 12 个月的期限内缴纳个人所得税。《财政部、国家税务总局关于上市公司高管人员股票期权所得缴纳个人所得税有关问题的通知》（财税〔2009〕40 号）自本通知施行之日起废止。

（2）上市公司股票期权、限制性股票应纳税款的计算，继续按照《财政部、国家税务总局关于个人股票期权所得征收个人所得税问题的通知》（财税〔2005〕35 号）、《财政部、国家税务总局关于股票增值权所得和限制性股票所得征收个人所得税有关问题的通知》（财税〔2009〕5号）、《国家税务总局关于股权激励有关个人所得税问题的通知》（国税函〔2009〕461号）等相关规定执行。股权奖励应纳税款的计算比照上述规定执行。

50. 企业固定资产没有执行加速折旧方法还需要报固定资产加速折旧统计表吗？

徐箐指导：根据财税〔2014〕5号和国家税务总局公告〔2014〕64号规定，享受固定资产加速折旧和一次性扣除优惠政策，《固定资产加速折旧（扣除）预缴情况统计表》不需要填报。

51. 企业资产重组将部分货车和劳力转移到新设立公司，是否需要开发票以及折旧能否在企业所得税税前扣除？

徐箐指导：根据《关于纳税人资产重组有关增值税问题的公告》（国家税务总局公告〔2011〕13号）的规定，纳税人在资产重组过程中，通过合并、分离、出售、置换等方式，将全部或者部分实物资产以及与其相关联的债权、负债和劳动力一并转让给其他单位和个人，不属于增值税的征税范围，其中涉及的货物转让，不征收增值税。因此，不能开具增值税发票。

注意：如企业重组使用一般性税务处理，据《中华人民共和国企业所得税法实施条例》第五十八条第（五）项规定，通过捐赠、投资、非货币性资产交换、债务重组等方式取得的固定资产，以该资产的公允价值和支付的相关税费为计税基础。第五十九条规定，固定资产按照直线法计算的折旧，准予扣除。企业应当自固定资产投入使用月次的次月起计算折旧；停止使用的固定资产，应当自停止使用月次的次月起停止计算折旧。企业应当根据固定资产的性质和使用情况，合理确定固定资产的预计残值。固定资产的预计净残值已经确定，不得变更。因此，企业按照规定计提的折旧，可在企业所得税税前扣除。

52. 增值税专用发票无法认证的是否可以作为“主管业务成本”在企业所得税税前扣除？

徐箐指导：根据《中华人民共和国企业所得税法》第八条规定，企业实际发生的与取得收入有关的、合理的支出，包括成本、费用、税金、损失和其他支出，准予在计算应纳税所得额时扣除。因此，上述已经超过认证期限的进项税额计入成本，只要属于企业实际发生的与取得收入有关的、合理的支出，就允许在计算应纳税所得额时扣除。

53. 公司员工尚未缴社保发生工伤，其费用是否可以在企业所得税税前扣除？

徐箐指导：根据《关于企业工资薪金及职工福利费扣除问题的通知》（国税函〔2009〕3 号）的规定，企业职工福利费，包括以下内容：为职工卫生保健、生活、住房、交通等所发放的各项补贴和非货币性福利，包括企业向职工发放的因公外地就医费用、未实行医疗统筹企业职工医疗费用、职工供养直系亲属医疗补贴、供暖费补贴、职工防暑降温费、职工困难补贴、救济费、职工食堂经费补贴、职工交通补贴等。根据《中华人民共和国企业所得税法》第八条的规定，企业实际发生的与取得收入有关的、合理的支出，包括成本、费用、税金、损失和其他支出，准予在计算应纳税所得额时扣除。根据上述规定，企业实际负担的工伤补助支出，应该在福利费中列支。

54. 企业雇用实习生发生的费用，是否可以在企业所得税税前扣除？

徐箐指导：根据《国家税务总局关于企业所得税应纳税所得额若干税务处理问题的公告》（国家税务总局公告〔2012〕第 15 号）的规定，关于季节工、临时工等费用税前扣除问题。企业因雇用季节工、临时工、实习生、返聘离退休人员以及接受外部劳务派遣用工所实际发生的费用，应区分为工资薪金支出和职工福利费支出，并按《企业所得税法》规定在企业所得税前扣除。其中属于工资薪金支出的，准予计入企业工资薪金总额的基数，作为计算其他各项相关费用扣除的依据。因此，企业雇用实习生发生的费用应区分为工资薪金支出和职工福利支出，并按《企业所得税法》规定在企业所得税前扣除。

55. 企业之间拆借资金发生的借款利息没有发票如何在企业所得税税前扣除？

徐箐指导：根据《中华人民共和国企业所得税法实施条例》第三十八条的规定，企业在生产经营活动中发生非金融企业向非金融企业借款的利息支出，不超过按照金融企业同期同类贷款利率计算的数额的部分利息支出，准予扣除。

注意：《关于企业所得税若干问题的公告》（国家税务总局公告 2011 年第 34 号）规定：关于金融企业同期同类贷款利率确定问题，根据《实施条例》第三十八条的规定，非金融企业向非金融企业借款的利息支出，不超过按照金融企业同期同类贷款利率计算的数额的部分，准予税前扣除。鉴于目前我国对金融企业利率要求的具体情况，企业在按照合同要求首次支付利息并进行税前扣除时，应提供“金融企业的同期同类贷款利率情况说明”，以证明其利息支出的合理性。“金融企业的同期同类贷款利率情况说明”中，应包括在签订该借款合同当时，本省任何一家金融企业提供同期同类贷款利率情况。该金融企业应为经政府有关部门批准成立的可以从事贷款业务的企业，包括银行、财务公司、信托公司等金融机构。“同期同类贷款利率”是指在贷款期限、贷款金额、贷款担保以及企业信誉等条件基本相同下，金融企业提供贷款的利率。既可以是金融企业公布的同期同类平均利率，也可以是金融企业对某些企业提供的实际贷款利率。

因此，上述利息费用不超过按照金融企业同期同类贷款利率计算的数额的部分，凭发票准予税前扣除，但在首次支付利息并进行税前扣除时，需要提供“金融企业的同期同类贷款利率情况说明”。

56. 补充养老保险以及补充医疗保险按照多少比例在企业所得税税前扣除？

徐箐指导：根据《财政部、国家税务总局关于补充养老保险费补充医疗保险费有关企业所得税政策问题的通知》（财税〔2009〕27 号）的规定，自 2008 年 1 月 1 日起，企业根据国家有关政策规定，为在本企业任职或者受雇的全体员工支付的补充养老保险费、补充医疗保险费，分别在不超过职工工资总额 5% 标准内的部分，在计算应纳税所得额时准予扣除；超过的部分，不予扣除。

57. 公司员工报销国际航空无机票费用，是否可以在企业所得税税前扣除？

徐箐指导：根据《中华人民共和国企业所得税法》第八条

的规定，企业实际发生的与取得收入有关的、合理的支出，包括成本、费用、税金、损失和其他支出，准予在计算应纳税所得额时扣除。国际航班如果订的是电子机票，可凭打印的行程单作为报销凭证。

另根据《中华人民共和国发票管理办法》第三十三条的规定，单位和个人从中国境外取得的与纳税有关的发票或者凭证，税务机关在纳税审查时有疑义的，可以要求其提供境外公证机构或者注册会计师的确认证明，经税务机关审核认可后，方可作为记账核算的凭证。

58. 成立分支机构专门为总公司进行产品研发，该分支机构需要申报缴纳企业所得税吗?

徐箐指导：根据《国家税务总局关于印发〈跨地区经营汇总纳税企业所得税征收管理办法〉的公告》（国家税务总局公告 2012 年第 57 号）第五条第（一）款的规定，不具有主体生产经营职能，且在当地不缴纳增值税、营业税的产品售后服务、内部研发、仓储等汇总纳税企业内部辅助性的二级分支机构，不就地分摊缴纳企业所得税。

因此，企业若符合以上规定，可以不就地分摊缴纳企业所得税。

59. 年度企业所得税汇算清缴申报后发现有误，可否重新办理企业所得税的年度申报?

徐箐指导：根据《国家税务总局关于印发〈企业所得税汇算清缴管理办法〉的通知》（国税发〔2009〕79 号）及征管法的相关规定，纳税人在汇算清缴期内发现当年企业所得税申报有误的，可在汇算清缴期内重新办理企业所得税年度纳税申报。纳税人超过汇算清缴期发现企业所得税申报有误，可以办理企业所得税补充申报，但涉及补缴税款的，应按征管法规定加收滞纳金。

60. 企业通过公益性社会组织进行捐赠，如果超过规定的比例怎么办?

徐箐指导：根据《财政部、税务总局关于公益性捐赠支出企业所得税税前结转扣除有关政策的通知》（财税〔2018〕15号）第一条的规定，企业通过公益性社会组织或者县级（含县级）以上人民政府及其组成部门和直属机构，用于慈善活动、公益事业的捐赠支出，在年度利润总额12%以内的部分，准予在计算应纳税所得额时扣除；超过年度利润总额12%的部分，准予结转以后三年内在计算应纳税所得额时扣除。本条所称公益性社会组织，应当依法取得公益性捐赠税前扣除资格。本条所称年度利润总额，是指企业依照国家统一会计制度的规定计算的大于零的数额。

61. 企业收到返还的出口退税款，是否需要申报缴纳企业所得税?

徐箐指导：根据《财政部、国家税务总局关于财政性资金、行政事业性收费、政府性基金有关企业所得税政策问题的通知》（财税〔2008〕151号）的规定，企业取得的各类财政性资金，除属于国家投资和资金使用后要求归还本金的以外，均应计入企业当年的收入总额。此处所称财政性资金，是指企业取得的来源于政府及其有关部门的财政补助、补贴、贷款贴息，以及其他各类财政专项资金，包括直接减免的增值税和即征即退、先征后

退、先征后返的各种税收，但不包括企业按规定取得的出口退税款；所称国家投资，是指国家以投资者身份投入企业、并按有关规定相应增加企业实收资本（股本）的直接投资。上述文件明确规定财政性资金不包括企业按规定取得的出口退税款，出口退税款不属于会计损益，不属于收入总额，也不属于不征税收入，因此，不需要缴纳企业所得税。

62. 企业收到没有填开付款方全称的发票，能否作为企业所得税税前扣除的凭证？

徐箐指导：根据《国家税务总局关于进一步加强普通发票管理工作的通知》（国税发〔2008〕80 号）第八条第二项的规定，落实管理和处罚规定。在日常检查中发现纳税人使用不符合规定发票特别是没有填开付款方全称的发票，不得允许纳税人用于税前扣除、抵扣税款、出口退税和财务报销。

63. 企业员工个人所得税由企业承担，是否可以在企业所得税税前扣除？

徐箐指导：按照《国家税务总局关于雇主为雇员承担全年一次性奖金部分税款有关个人所得税计算方法问题的公告》（国家税务总局公告 2011 年第 28 号）的规定，企业为员工负担的个人所得税款，应属于个人工资薪金的一部分。凡单独作为企业管理费列支的，在计算企业所得税时不得税前扣除。

64. 企业为员工支付的居民供暖费，是否可以作为职工福利费在企业所得税税前扣除？

徐箐指导：根据《国家税务总局关于企业工资薪金及职工福

利费扣除问题的通知》（国税函〔2009〕3号）第三条第（二）项的规定，为职工卫生保健、生活、住房、交通等所发放的各项补贴和非货币性福利，包括企业向职工发放的因公外地就医费用、未实行医疗统筹企业职工医疗费用、职工供养直系亲属医疗补贴、供暖费补贴、职工防暑降温费、职工困难补贴、救济费、职工食堂经费补贴、职工交通补贴等属于职工福利费的扣除范围。因此，企业为本企业任职的员工支付的供暖费，可以作为职工福利费按相关规定在企业所得税前扣除。

65. 技术成果投资入股实施选择性税收优惠政策应注意什么？

徐箐指导：根据《财政部、国家税务总局关于完善股权激励和技术入股有关所得税政策的通知》（财税〔2016〕101号）的规定，应注意四个方面的要求：

（1）企业或个人以技术成果投资入股到境内居民企业，被投资企业支付的对价全部为股票（权）的，企业或个人可选择继续按现行有关税收政策执行，也可选择适用递延纳税优惠政策。

选择技术成果投资入股递延纳税政策的，经向主管税务机关备案，投资入股当期可暂不纳税，允许递延至转让股权时，按股权转让收入减去技术成果原值和合理税费后的差额计算缴纳所得税。

（2）企业或个人选择适用上述任一项政策，均允许被投资企业按技术成果投资入股时的评估值入账并在企业所得税前摊销扣除。

（3）技术成果是指专利技术（含国防专利）、计算机软件著作权、集成电路布图设计专有权、植物新品种权、生物医药新品种，以及科技部、财政部、国家税务总局确定的其他技术成果。

（4）技术成果投资入股，是指纳税人将技术成果所有权让渡给被投资企业、取得该企业股票（权）的行为。

66. 企业违反海关监管规定缴纳的罚款，是否允许在企业所得税税前扣除？

徐箐指导：根据《中华人民共和国企业所得税法》第十条的规定，在计算应纳税所得额时，下列支出不得扣除：①向投资者支付的股息、红利等权益性投资收益款项；②企业所得税税款；③税收滞纳金；④罚金、罚款和被没收财物的损失；⑤本法第九条规定以外的捐赠支出；⑥赞助支出；⑦未经核定的准备金支出；⑧与取得收入无关的其他支出。因此，企业由于违反海关监管规定缴纳的罚款属于行政性罚款，不可以在税前扣除。

67. 企业金融资产的公允价值变动，是否需要计入企业收入总额计算缴纳企业所得税？

徐箐指导：根据《中华人民共和国企业所得税法实施条例》（中华人民共和国国务院令第 512 号）第五十六条的规定，企业的各项资产，包括固定资产、生物资产、无形资产、长期待摊费用、投资资产、存货等，以历史成本为计税基础。前款所称历史成本，是指企业取得该项资产时实际发生的支出。企业持有各项资产期间资产增值或者减值，除国务院财政、税务主管部门规定可以确认损益外，不得调整该资产的计税基础。因此，企业金融资产的公允价值变动不需要计入企业收入总额缴纳企业所得税。

68. 企业因破产注销，其厂房设备等固定资产尚未提完折旧额如何处理？

徐箐指导：根据《财政部、国家税务总局关于企业清算业务企业所得税处理若干问题的通知》（财税〔2009〕60 号）第三条有关清算所得税处理的规定，全部资产均应按可变现价值或交易价格，确认资产转让所得或损失。就是说，企业在正常经营过程中，由于持续经营假设采用历史成本原则计价，在清算时，改变持续经营假设，对资产要按照可变现价值计价，并且就可变现价值同计税基础的差额缴纳清算所得税。

69. 企业发生的与生产经营有关的手续费支出，如何确定税前扣除限额？

徐箐指导：根据《财政部、国家税务总局关于企业手续费及佣金支出税前扣除政策的通知》（财税〔2009〕29 号）第一条的规定，企业发生与生产经营有关的手续费及佣金支出，不超过以下规定计算限额以内的部分，准予扣除；超过部分，不得扣除。

（1）保险企业：财产保险企业按当年全部保费收入扣除退保金等后余额的 15%（含本数，下同）计算限额；人身保险企业按当年全部保费收入扣除退保金等后余额的 10% 计算限额。

（2）其他企业：按与具有合法经营资格中介服务机构或个人（不含交易双方及其雇员、代理人和代表人等）所签订服务协议或合同确认的收入金额的 5% 计算限额。

根据上述通知第二条的规定，企业应与具有合法经营资格中介服务企业或个人签订代办协议或合同，并按国家有关规定支付手续费及佣金。除委托个人代理外，企业以现金等非转账方式支付的手续费及佣金不得在税前扣除。企业为发行权益性证券支付给有关证券承销机构的手续费及佣金不得在税前扣除。

70. 申请固定资产加速折旧如何办理相关手续?

徐箐指导：根据《国家税务总局关于企业固定资产加速折旧所得税处理有关问题的通知》（国税发〔2009〕81 号）第五条的规定，企业确需对固定资产采取缩短折旧年限或者加速折旧方法的，应在取得该固定资产后一个月内，向其企业所得税主管税务机关（以下简称“主管税务机关”）备案，并报送以下资料：①固定资产的功能、预计使用年限短于《中华人民共和国企业所得税法实施条例》规定计算折旧的最低年限的理由、证明资料及有关情况的说明；②被替代的旧固定资产的功能、使用及处置等情况的说明；③固定资产加速折旧拟采用的方法和折旧额的说明；④主管税务机关要求报送的其他资料。

71. 企业实施股权激励或个人以技术成果投资入股需要向税务机关递交资料吗?

徐箐指导：根据《财政部、国家税务总局关于完善股权激励和技术入股有关所得税政策的通知》（财税〔2016〕101 号）的规定，企业实施股权激励或个人以技术成果投资入股，以实施股权激励或取得技术成果的企业为个人所得税扣缴义务人。递延纳税期间，扣缴义务人应在每个纳税年度终了后向主管税务机关报告递延纳税有关情况。

72. 危险废物处理可以享受哪些企业所得税优惠政策?

徐箐指导：根据《中华人民共和国企业所得税法》及其实

施条例、《财政部、国家税务总局、国家发展改革委关于公布环境保护、节能节水项目企业所得税优惠目录（试行）的通知》（财税〔2009〕166 号）的规定，符合以下条件的工业固体废物处理项目和危险废物处理项目的所得，自项目取得第一笔生产经营收入所属纳税年度起，第 1 ~ 3 年免征企业所得税，第 4 ~ 6 年减半征收企业所得税：

（1）根据全国危险废物处置设施建设规划等全国性规划设立，但按照国家规定作为企业必备配套设施的自用的废弃物处理项目除外；

（2）专门从事工业固体废物或危险废物的收集、贮存、运输、处置；

（3）采用符合国家规定标准的卫生填埋、焚烧、热解、堆肥、水泥窑协同处置等工艺，其中：水泥窑协同处置要符合国家产业政策和准入条件；

（4）工业固体废物处理项目符合环境保护行政主管部门规定的工业固体废物类污染治理设施运营资质条件，危险废物处理项目取得县级以上人民政府环境保护行政主管部门颁发的危险废物经营许可证；

（5）项目设计、施工和运行管理人员具备国家相应职业资格；

（6）按照国家法律法规要求，通过相关验收；

（7）项目经设区的市或者市级以上环境保护行政主管部门总量核查；

（8）国务院财政、税务主管部门规定的其他条件。

73. 高新技术企业营业外收入，是否需要计入高新技术产品（服务）收入申报缴纳企业所得税？

徐箐指导：根据《科技部、财政部、国家税务总局关于印发〈高新技术企业认定管理工作指引〉的通知》（国科发火〔2008〕362号）附件《高新技术企业认定管理工作指引》第五条第（三）项高新技术产品（服务）收入的规定，企业通过技术创新、开展研发活动，形成符合《重点领域》要求的产品（服务）收入与技术性收入的总和。技术性收入主要包括以下几个部分：

（1）技术转让收入：指企业技术创新成果通过技术贸易、技术转让所获得的收入；

（2）技术承包收入：包括技术项目设计、技术工程实施所获得的收入；

（3）技术服务收入：指企业利用自己的人力、物力和数据系统等为社会和本企业外的用户提供技术方案、数据处理、测试分析及其他类型的服务所获得的收入；

（4）接受委托科研收入：指企业承担社会各方面委托研究开发、中间试验及新产品开发所获得的收入。

因此，企业取得的非上述收入，不计入高新技术产品（服务）收入。

74. 员工享受企业固定补贴，是否可以在企业所得税税前扣除？

徐箐指导：根据《国家税务总局关于企业工资薪金和职工福利费等支出税前扣除问题的公告》（国家税务总局公告2015年第34号）第一条的规定，列入企业员工工资薪金制度、固定与工资薪金一起发放的福利性补贴，符合《国家税务总局关于企业工资薪金及职工福利费扣除问题的通知》（国税函〔2009〕3号）

第一条规定的，可作为企业发生的工资薪金支出，按规定在税前扣除。不能同时符合上述条件的福利性补贴，应作为国税函〔2009〕3 号文件第三条规定的职工福利费，按规定计算限额税前扣除。

75. 非居民企业确定转让财产所得包含哪些内容？

徐箐指导：根据《国家税务总局关于非居民企业所得税源泉扣缴有关问题的公告》（国家税务总局公告 2017 年第 37 号）第三条的规定：企业所得税法第十九条第二项规定的转让财产所得包含转让股权等权益性投资资产所得。股权转让收入减除股权净值后的余额为股权转让所得应纳税所得额。

股权转让收入是指股权转让人转让股权所收取的对价，包括货币形式和非货币形式的各种收入。

股权净值是指取得该股权的计税基础。股权的计税基础是股权转让人投资入股时向中国居民企业实际支付的出资成本，或购买该项股权时向该股权的原转让人实际支付的股权受让成本。股权在持有期间发生减值或者增值，按照国务院财政、税务主管部门规定可以确认损益的，股权净值应进行相应调整。企业在计算股权转让所得时，不得扣除被投资企业未分配利润等股东留存收益中按该项股权所可能分配的金额。

多次投资或收购的同项股权被部分转让的，从该项股权全部成本中按照转让比例计算确定被转让股权对应的成本。

76. 企业因绩效考核需要在工资列支而年底未发放，年终是否需要调增企业所得税应纳税所得额？

徐箐指导：根据《企业所得税实施条例》第三十四条的规

定，企业发生的合理的工资薪金支出，准予扣除。所称工资、薪金，是指企业每一纳税年度支付给在本企业任职或者受雇的员工的所有现金形式或者非现金形式的劳动报酬，包括基本工资、奖金、津贴、补贴、年终加薪、加班工资，以及与员工任职或者受雇有关的其他支出。《国家税务总局关于企业工资薪金和职工福利费等支出税前扣除问题的公告》（国家税务总局公告 2015 年第 34 号）第二条关于“企业年度汇算清缴结束前支付汇缴年度工资薪金税前扣除问题”规定，企业在年度汇算清缴结束前向员工实际支付的已预提汇缴年度工资薪金，准予在汇缴年度按规定扣除。

根据上述规定，企业年末计提未发放的工资，年度汇算清缴结束前支付的，准予扣除。

77. 补交以前年度的残保金和教育经费，能否在汇算当年在企业所得税税前扣除？

徐箐指导：根据《国家税务总局关于企业所得税应纳税所得额若干税务处理问题的公告》（国家税务总局公告 2012 年第 15 号）第六条的规定，对企业发现以前年度实际发生的、按照税收规定应在企业所得税前扣除而未扣除或少扣除的支出，企业做出专项申报及说明后，准予追补至该项目发生年度计算扣除，但追补确认期限不得超过 5 年。企业由于上述原因多缴的企业所得税税款，可以在追补确认年度企业所得税应纳税款中抵扣，不足抵扣的，可以向以后年度递延抵扣或申请退税。亏损企业追补确认以前年度未在企业所得税前扣除的支出，或盈利企业经过追补确认后出现亏损的，应首先调整该项支出所属年度的亏损额，然后再按照弥补亏损的原则计算以后年度多缴的企业所得税款，并按前款规定处理。根据上述规定，以前年度的残保金和教育经费属于“以前年度实际发生的、按照税收规定应在企业所得税前扣除而未扣除或少扣除的支出”，做出专项申报及说明后，可以按照上述规定追补至该项目发生年度计算扣除。

78. 企业无法收回的外籍员工住房押金坏账、退学违约金等，是否可以在企业所得税税前扣除?

徐箐指导：根据《企业所得税法》第八条的规定，企业实际发生与取得的收入有关的、合理的支出，包括成本、费用、税金、损失和其他支出，准予在计算应纳税所得额时扣除；第十条规定，在计算应纳税所得额时，与取得收入无关的其他支出不得扣除。《企业所得税法实施条例》第二十七条规定，企业所得税法第八条所称的有关支出，是指与取得收入直接相关的支出。企业所得税法第八条所称合理的支出，是指符合生产经营活动常规，应当计入当期损益或者有关资产成本的必要和正常的支出。《企业财务通则》第四十六条第（五）款规定，企业不得承担应由个人承担的其他支出。根据上述规定，企业实际发生的与取得收入有关的、合理的支出可税前扣除，企业替员工支付的无法收回的住房押金坏账、退学违约金，不属于与取得收入有关的支出，应属于由个人承担支出，不得税前扣除。

79. 非居民企业派遣人员在中国境内提供劳务要向税务机关提供哪方面申报资料?

徐箐指导：根据《国家税务总局关于非居民企业派遣人员在中国境内提供劳务征收企业所得税有关问题的公告》（国家税务总局公告 2013 年第 19 号）第五条的规定，注意以下 2 点：①派遣企业、接收企业和被派遣人员之间的合同协议或约定；②派遣企业或接收企业对被派遣人员的管理规定，包括被派遣人员的工作职责、工作内容、工作考核、风险承担等方面的具体规定；③接收企业向派遣企业支付款项及相关账务处理情况，被派遣人员个人所得税申报缴纳资料；④接收企业是否存在通过抵消交易、放弃债权、关联交易或其他形式隐蔽性支付与派遣行为相关费用的情形。

80. 从事代理服务的企业作为营业成本的佣金、手续费支出，能否在企业所得税税前扣除？

徐箐指导：根据《国家税务总局关于企业所得税应纳税所得额若干税务处理问题的公告》（国家税务总局公告 2012 年第 15 号）的规定，从事代理服务、主营业务收入为手续费、佣金的企业（如证券、期货、保险代理等企业），其为取得该类收入而实际发生的营业成本（包括手续费及佣金支出），准予在企业所得税前据实扣除。

81. 企业收取的会员费，是否需要缴纳增值税和企业所得税？

徐箐指导：根据《财政部、国家税务总局关于增值税若干政策问题的通知》（财税〔2005〕165 号）的规定，对增值税纳税人收取的会员费收入不征收增值税。根据《国家税务总局关于确认企业所得税收入若干问题的通知》（国税函〔2008〕875 号）的规定，申请入会或加入会员，只允许取得会籍，所有其他服务或商品都要另行收费的，在取得该会员费时确认收入。申请入会或加入会员后，会员在会员期内不再付费就可得到各种服务或商品，或者以低于非会员的价格销售商品或提供服务的，该会员费应在整个受益期内分期确认收入。

82. 同一控股的两个独立的子公司，因其中一个分公司常年亏损，将其合并至另一子公司，另一个分公司是否可以继续抵扣未抵扣的进项税额？产生的亏损，是否可以继续弥补？

徐箐指导：根据《国家税务总局关于纳税人资产重组增值税留抵税额处理有关问题的公告》（国家税务总局公告 2012 年第 55 号）的规定，增值税一般纳税人在资产重组过程中，将全部资产、负债和劳动力一并转让给其他增值税一般纳税人，并按程序办理注销税务登记的，其在办理注销登记前尚未抵扣的进项税额可结转至新纳税人处继续抵扣。根据《财政部、国家税务总局关于企业重组业务企业所得税处理若干问题的通知》（财税〔2009〕59 号）的规定，企业重组同时符合下列条件的，适用特殊性税务处理规定：

（1）具有合理的商业目的，且不以减少、免除或者推迟缴纳税款为主要目的。

（2）被收购、合并或分立部分的资产或股权比例符合本通知规定的比例。

（3）企业重组后的连续 12 个月内不改变重组资产原来的实质性经营活动。

（4）重组交易对价中涉及股权支付金额符合本通知规定的比例。

（5）企业重组中取得股权支付的原主要股东，在重组后连续 12 个月内，不得转让所取得的股权。

同一控股的两个独立的子公司，因其中一个分公司常年亏损，将其合并至另一子公司，适用特殊性税务重组。企业合并，企业股东在该企业合并发生时取得的股权支付金额不低于其交易支付总额的 85%，以及同一控制下且不需要支付对价的企业合并，可以选择按以下规定处理：

（1）合并企业接受被合并企业资产和负债的计税基础，以被合并企业的原有计税基础确定。

（2）被合并企业合并前的相关所得税事项由合并企业承继。

（3）可由合并企业弥补的被合并企业亏损的限额 = 被合并企业净资产公允价值 × 截至合并业务发生当年年末国家发行的最长期限的国债利率。

（4）被合并企业股东取得合并企业股权的计税基础，以其原持有的被合并企业股权的计税基础确定。

83. 受同一居民企业 100% 直接控制的两个子公司，因其中一个子公司常年亏损，亏损子公司合并至另一子公司且不需要支付对价。其亏损子公司未弥补完的亏损，是否可以结转继续弥补？

徐箐指导：根据《财政部、国家税务总局关于企业重组业务企业所得税处理若干问题的通知》（财税〔2009〕59 号）的规定，企业重组同时符合下列条件的，适用特殊性税务处理规定：

（1）具有合理的商业目的，且不以减少、免除或者推迟缴纳税款为主要目的。

（2）被收购、合并或分立部分的资产或股权比例符合规定的比例。

（3）企业重组后的连续 12 个月内不改变重组资产原来的实质性经营活动。

（4）重组交易对价中涉及股权支付金额符合本通知规定的比例。

（5）企业重组中取得股权支付的原主要股东，在重组后连续 12 个月内，不得转让所取得的股权。

受同一居民企业 100% 直接控制的两个子公司，因其中一个子公司常年亏损，亏损子公司合并至另一子公司且不需要支付对价，可以选择按以下规定处理：

（1）合并企业接受被合并企业资产和负债的计税基础，以被合并企业的原有计税基础确定。

（2）被合并企业合并前的相关所得税事项由合并企业承继。

（3）可由合并企业弥补的被合并企业亏损的限额 = 被合并企业净资产公允价值 × 截至合并业务发生当年年末国家发行的最长期限的国债利率。

（4）被合并企业股东取得合并企业股权的计税基础，以其原持有的被合并企业股权的计税基础确定。

因此，受同一居民企业 100% 直接控制的两个子公司，因其中一个子公司常年亏损，亏损子公司合并至另一子公司且不需要支付对价，适用企业重组特殊性税务处理，被合并子公司尚未弥补完的亏损可以结转继续弥补，亏损弥补限额 = 被合并企业净资产公允价值 × 截至合并业务发生当年年末国家发行的最长期限的国债利率。

84. 非公有制企业发生的党组织工作经费，是否可以在企业所得税税前扣除？

徐箐指导：根据《中共中央组织部、财政部、国家税务总局关于非公有制企业党组织工作经费问题的通知》（组通字〔2014〕42 号）的规定，根据《中华人民共和国公司法》“公司应当为党组织的活动提供必要条件”规定和中办发〔2012〕11 号文件“建立并落实税前列支制度”等要求，非公有制企业党组织工作经费纳入企业管理费列支，不超过职工年度工资薪金总额 1% 的部分，可以据实在企业所得税前扣除。

85. 跨地区经营汇总纳税企业如何办理企业所得税优惠政策的备案手续？

徐箐指导：根据《国家税务总局关于发布〈企业所得税优惠政策事项办理办法〉的公告》（国家税务总局公告 2015 年第 76 号）的规定，可以按以下情况办理：

（1）分支机构享受所得减免、研发费用加计扣除、安置残疾人员、促进就业、部分区域性税收优惠（西部大开发、经济特区、上海浦东新区、深圳前海、广东横琴、福建平潭），以及购置环境保护、节能节水、安全生产等专用设备投资抵免税额优惠，由二级分支机构向其主管税务机关备案。其他优惠事项由总机构统一备案。

（2）总机构应当汇总所属二级分支机构已备案优惠事项，填写《汇总纳税企业分支机构已备案优惠事项清单》，随同企业所得税年度纳税申报表一并报送其主管税务机关。

所以《企业所得税优惠政策事项办理办法》施行前已经履行审批、审核或者备案程序的定期减免税，不再重新备案。

86. 企业为职工支付的社会学历教育费用，是否可以在计算企业所得税税前进行扣除？

徐箐指导：根据《财政部、全国总工会、国家发改委教育部、科技部、国防科工委、人事部、劳动保障部、国务院国资委、国家税务总局、全国工商联关于印发〈关于企业职工教育经费提取与使用管理的意见〉的通知》（财建〔2006〕317 号）的规定，企业职工参加社会上的学历教育以及个人为取得学位而参加的在职教育，所需费用应由个人承担，不能挤占企业的职工教育培训经费。

因此，企业为职工支付的社会学历教育费用不可以计入职工教育经费在计算应纳税所得额前进行扣除。

87. 企业向自然人的借款利息支出能否税前扣除？

徐箐指导：根据《国家税务总局关于企业向自然人借款的利息支出企业所得税税前扣除问题的通知》（国税函〔2009〕777号）第一条的规定，企业向股东或其他与企业有关联关系的自然人借款的利息支出，应根据《中华人民共和国企业所得税法》（以下简称《税法》）第四十六条及《财政部、国家税务总局关于企业关联方利息支出税前扣除标准有关税收政策问题的通知》（财税〔2008〕121号）规定的条件，计算企业所得税扣除额。

国税函〔2009〕777号第二条规定，企业向除第一条规定以外的内部职工或其他人员借款的利息支出，其借款情况同时符合以下条件的，其利息支出在不超过按照金融企业同期同类贷款利率计算的数额的部分，根据税法第八条和税法实施条例第二十七条规定，准予扣除：

（1）企业与个人之间的借贷是真实、合法、有效的，并且不具有非法集资目的或其他违反法律、法规的行为；

（2）企业与个人之间签订了借款合同。

88. 企业以库存商品向投资者进行利润分配，是否需要缴纳增值税和企业所得税收入？

徐箐指导：根据《中华人民共和国增值税暂行条例实施细

则》的规定，企业将自产、委托加工或者购进的货物分配给股东或者投资者，视同销售货物缴纳增值税。

根据《国家税务总局关于企业处置资产所得税处理问题的通知》（国税函〔2008〕828）的规定，企业将资产移送他人的下列情形，因资产所有权属已发生改变而不属于内部处置资产，应按规定视同销售确定收入：

（1）用于市场推广或销售；

（2）用于交际应酬；

（3）用于职工奖励或福利；

（4）用于股息分配；

（5）用于对外捐赠；

（6）其他改变资产所有权属的用途。

企业发生上述情形时，属于企业自制的资产，应按企业同类资产同期对外销售价格确定销售收入；属于外购的资产，可按购入时的价格确定销售收入。

89. 企业缴纳的相关责任险，能否在企业所得税税前扣除？

徐箐指导：根据《企业所得税法实施条例》第四十六条的规定，企业参加财产保险，按照规定缴纳的保险费，准予扣除。

注意：《保险法》第九十五条规定，财产保险业务包括财产损失保险、责任保险、信用保险、保证保险等保险业务。

因此，企业参加的责任险属于财产保险，可以按税法规定在企业所得税税前扣除。

90. 企业以不动产作价后对外投资，是否需要确认收入并按规定申报缴纳企业所得税?

徐箐指导：根据《国家税务总局关于非货币性资产投资企业所得税有关征管问题的公告》（国家税务总局公告2015年第33号）的规定，实行查账征收的居民企业以非货币性资产对外投资确认的非货币性资产转让所得，可自确认非货币性资产转让收入年度起不超过连续5个纳税年度的期间内，分期均匀计入相应年度的应纳税所得额，按规定计算缴纳企业所得税。

91. 企业对外部劳务派遣用工发放的实物职工福利，能否在企业所得税税前扣除?

徐箐指导：根据《国家税务总局关于企业工资薪金和职工福利费等支出税前扣除问题的公告》（国家税务总局公告2015年第34号）的规定，企业接受外部劳务派遣用工所实际发生的费用，应分两种情况按规定在税前扣除：按照协议（合同）约定直接支付给劳务派遣公司的费用，应作为劳务费支出；直接支付给员工个人的费用，应作为工资薪金支出和职工福利费支出。其中属于工资薪金支出的费用，准予计入企业工资薪金总额的基数，作为计算其他各项相关费用扣除的依据。

企业对外部劳务派遣用工发放的实物福利，可以按照上述规定作为工资薪金支出和职工福利费支出，在企业所得税前扣除。

92. 企业自建房屋投入使用，但是有些发票还没拿到，如何计提折旧在企业所得税税前扣除?

徐箐指导：根据《国家税务总局关于贯彻落实企业所得税法若干税收问题的通知》（国税函〔2010〕79号）的规定，企业固定资产投入使用后，由于工程款项尚未结清未取得全额发票的，可暂按合同规定的金额计入固定资产计税基础计提折旧，待发票取得后进行调整。但该项调整应在固定资产投入使用后 12 个月内进行。

93. 不具有法人资格的中外合作办学机构是否属于构成在中国的常设机构？

徐箐指导：根据《国家税务总局关于税收协定执行若干问题的公告》（国家税务总局公告 2018 年第 11 号）的规定，不具有法人资格的中外合作办学机构，以及中外合作办学项目中开展教育教学活动的场所构成税收协定缔约对方居民在中国的常设机构。常设机构条款中关于劳务活动构成常设机构的表述为“在任何 12 个月中连续或累计超过 6 个月”的，按照“在任何 12 个月中连续或累计超过 183 天”的表述执行。

94. 因机器检修暂时停产，停产期间发生的固定资产折旧可以在企业所得税税前扣除吗？

徐箐指导：根据《中华人民共和国企业所得税法》的规定，在计算应纳税所得额时，企业按照规定计算的固定资产折旧，准予扣除。下列固定资产不得计算折旧扣除：

（1）房屋、建筑物以外未投入使用的固定资产；

（2）以经营租赁方式租入的固定资产；

（3）以融资租赁方式租出的固定资产；

（4）已足额提取折旧仍继续使用的固定资产；

（5）与经营活动无关的固定资产；

（6）单独估价作为固定资产入账的土地；

（7）其他不得计算折旧扣除的固定资产。

因此，企业暂时停产期间的机器设备不属于以上情况，按规定提取的固定资产折旧可在税前扣除。

95. 视同销售收入对应的视同销售成本，是否可以在企业所得税税前扣除？

徐箐指导：根据《视同销售和房地产开发企业特定业务纳税调整明细表》（A105010）填报说明，第11行“一、视同销售成本”填报会计处理不确认销售收入，税法规定确认为应税收入的同时，确认的视同销售成本金额。本行为第12至20行小计数。第1列“税收金额”填报予以税前扣除的视同销售成本金额；将第1列税收金额以负数形式填报第2列“纳税调整金额”。

另根据《中华人民共和国企业所得税法实施条例》（中华人民共和国国务院令第512号）的规定，企业所得税法第八条所称成本，是指企业在生产经营活动中发生的销售成本、销货成本、业务支出以及其他耗费。

因此，视同销售收入对应的视同销售成本可以在企业所得税前扣除。

96. 企业种植观赏性植物，是否可以享受企业所得税减半征收的优惠？

徐箐指导：根据《中华人民共和国企业所得税法实施条例》的规定，减半征收企业所得税应把握以下几个方面要求：（1）花卉、茶以及其他饮料作物和香料作物的种植，（2）海水养殖、内陆养殖。

注意：根据《国家税务总局关于实施农、林、牧、渔业项目企业所得税优惠问题的公告》（国家税务总局公告 2011 年第 48 号）第四条第（三）款规定，企业从事观赏性作物的种植，按"花卉、茶及其他饮料作物和香料作物的种植"项目处理。

因此，企业种植观赏性植物，可以享受企业所得税减半征收的优惠。

97. 企业为退休人员缴纳的补充养老保险、补充医疗保险，是否可以在企业所得税税前扣除？

徐箐指导：根据《财政部、国家税务总局关于补充养老保险费补充医疗保险费有关企业所得税政策问题的通知》（财税〔2009〕27 号）的规定，自 2008 年 1 月 1 日起，企业根据国家有关政策规定，为在本企业任职或者受雇的全体员工支付的补充养老保险费、补充医疗保险费，分别在不超过职工工资总额 5% 标准内的部分，在计算应纳税所得额时准予扣除；超过的部分，不予扣除。

注意：因退休人员不属于文件规定的在本企业任职或者受雇的员工，所以企业支付的这部分费用不能在企业所得税前扣除。

98. 企业转让一项外购专利权，是否可以享受企业所得税免征、减征企业所得税的优惠政策？

徐箐指导：根据《财政部、国家税务总局关于居民企业技术转让有关企业所得税政策问题的通知》（财税〔2010〕111 号）的规定，所称技术转让，是指居民企业转让其拥有符合本通知第一条规定技术的所有权或 5 年以上（含 5 年）全球独占许可使用权的行为。根据《国家税务总局关于使用权技术转让所得企业所得税有关问题的公告》（国家税务总局公告 2015 年第 82 号）第二条规定，企业转让符合条件的 5 年以上非独占许可使用权的技术，限于其拥有所有权的技术。因此，企业转让符合条件的专利权，应强调的是企业是否拥有规定技术的所有权，外购取得技术专利权或者自行研发取得技术专利权不是判断纳税人转让专利技术是否可以享受技术转让所得免征、减征企业所得税优惠的标准。

99. 中外合资企业分配利润没有外汇出境外，在境内进行再投资，是否需要代扣代缴企业所得税？

徐箐指导：根据《国家税务总局关于贯彻落实企业所得税法若干税收问题的通知》（国税函〔2010〕79 号）第四条关于股息、红利等权益性投资收益收入确认问题的规定，企业权益性投资取得股息、红利等收入，应以被投资企业股东会或股东大会作出利润分配或转股决定的日期，确定收入的实现。按照该文件相关解读，未分配利润、盈余公积等转增资本，应分成两个事项看待，即先分红，再用分红作投资处理。同时还明确，对于非居民企业股东分得转增注册资本部分的股息、红利，按照“股息、红利等权益性投资收益”征收企业所得税，由被投资方代扣代缴。

据此，该中外合资企业将利润分配给境外投资方，虽不汇出境外而留在境内再投资，也需要代扣代缴企业所得税。

100. 应收账款超过多长时间收不回可以作为坏账损失？

徐箐指导：根据《国家税务总局关于发布〈企业资产损失所得税税前扣除管理办法〉的公告》（国家税务总局公告 2011 年第 25 号）第二十三条的规定，企业逾期三年以上的应收款项在会计上已作为损失处理的，可以作为坏账损失，但应说明情况，并出具专项报告。

国家税务总局公告 2011 年第 25 号第二十四条规定，企业逾期一年以上，单笔数额不超过五万元或者不超过企业年度收入总额万分之一的应收款项，会计上已经作为损失处理的，可以作为坏账损失，但应说明情况，并出具专项报告。

101. 物业公司预收业主跨年度的物业管理费，应在何时确认企业所得税收入？

徐箐指导：根据《中华人民共和国企业所得税法实施条例》（中华人民共和国国务院令第 512 号）第九条的规定，企业应纳税所得额的计算，以权责发生制为原则，属于当期的收入和费用，不论款项是否收付，均作为当期的收入和费用；不属于当期的收入和费用，即使款项已经在当期收付，均不作为当期的收入和费用。本条例和国务院财政、税务主管部门另有规定的除外。

根据《国家税务总局关于确认企业所得税收入若干问题的通知》（国税函〔2008〕875 号）第二条第（四）款第八目的规定，长期为客户提供重复的劳务收取的劳务费，在相关劳务活动发生时确认收入。因此，物业公司预收业主跨年度的物业管理费，在实际提供物业管理服务时确认企业所得税收入。

102. 企业取得的财产转让收入，可以分期确认收入吗？

徐箐指导：根据《国家税务总局关于企业取得财产转让等所得企业所得税处理问题的公告》（国家税务总局公告 2010 年第 19 号）第一条的规定，企业取得财产（包括各类资产、股权、债权等）转让收入、债务重组收入、接受捐赠收入、无法偿付的应付款收入等，不论是以货币形式、还是非货币形式体现，除另有规定外，均应一次性计入确认收入的年度计算缴纳企业所得税。因此，企业取得的财产转让收入，应一次性确认收入。

103. 企业筹建期的费用支出，是否可以计入当期亏损？

徐箐指导：根据《国家税务总局关于贯彻落实企业所得税法若干税收问题的通知》（国税函〔2010〕79 号）的规定，企业自开始生产经营的年度，为开始计算企业损益的年度。企业从事生产经营之前进行筹办活动期间发生筹办费用支出，不得计算为当期的亏损，应按照《国家税务总局关于企业所得税若干税务事项衔接问题的通知》（国税函〔2009〕98 号）第九条规定执行。因此，企业筹建期的费用支出不计入当期亏损。

104. 企业按照内部制度，按月支付员工交通费补贴应在哪个科目中核算？

徐箐指导：根据《国家税务总局关于企业工资薪金和职工福利费等支出税前扣除问题的公告》（国家税务总局公告 2015 年第 34 号）的规定，列入企业员工工资薪金制度、固定与工资薪金一起发放的福利性补贴，符合《国家税务总局关于企业工资薪金及职工福利费扣除问题的通知》第一条规定的，可作为企业发生的工资薪金支出，按规定在税前扣除。不能同时符合上述条件的福利性补贴，应作为国税函〔2009〕3 号文件第三条规定的职工福利费，按规定计算限额税前扣除。因此，企业给员工按月支付的交通费补贴如果符合上述条件，应当作为工资薪金支出在企业所得税税前扣除。

注意：以上政策只限于用于本企业任职受雇员工交通补贴。

105. 以外币对外支付时，汇率应如何确定？

徐箐指导：根据《国家税务总局关于印发〈非居民企业所得税源泉扣缴管理暂行办法〉的通知》（国税发〔2009〕3 号）第九

条的规定，扣缴义务人对外支付或者到期应支付的款项为人民币以外货币的，在申报扣缴企业所得税时，应当按照扣缴当日国家公布的人民币汇率中间价，折合成人民币计算应纳税所得额。

106. 企业 2016 年未取得合法有效凭证 2017 年取得凭证，是否可以在企业所得税税前扣除？

徐箐指导：根据《国家税务总局关于企业所得税应纳税所得额若干税务处理问题的公告》（国家税务总局公告 2012 年第 15 号）第六条的规定，对企业发现以前年度实际发生的、按照税收规定应在企业所得税前扣除而未扣除或者少扣除的支出，企业做出专项申报及说明后，准予追补至该项目发生年度计算扣除，但追补确认期限不得超过 5 年。因此，可以追补至发生当年度税前扣除。

107. 养殖企业饲养牛羊购后又销售，是否有税收优惠政策？

徐箐指导：根据《中华人民共和国企业所得税法实施条例》第八十六条的规定，企业从事下列项目的所得，免征企业所得税：牲畜、家禽的饲养。根据《国家税务总局关于实施农、林、牧、渔业项目企业所得税优惠问题的公告》（国家税务总局公告 2011 年第 48 号）第十条的规定，企业购买农产品后直接进行销售的贸易活动产生的所得，不能享受农、林、牧、渔业项目的税收优惠政策。

108. 企业所得税：从事中药材的种植有何税收优惠？

徐箐指导：根据《中华人民共和国企业所得税法》（中华人民共和国主席令第 63 号）第二十七条的规定，从事农、林、牧、渔业项目的所得可以免征、减征企业所得税；根据《中华人民共和国企业所得税法实施条例》（中华人民共和国国务院令第 512 号）第八十六条的规定，上述规定的企业从事农、林、牧、渔业项目的所得，可以免征、减征企业所得税，所指的免征企业所得税项目包括：中药材的种植。

109. 企业自建的临时建筑物，其最低折旧年限为多少年？

徐箐指导：根据《中华人民共和国企业所得税法实施条例》（中华人民共和国国务院令第 512 号）第六十条的规定，除国务院财政、税务主管部门另有规定外，房屋、建筑物固定资产计算折旧的最低年限为 20 年。

110. 核定征收企业什么时间到国税办理鉴定工作？

徐箐指导：根据《国家税务总局关于印发〈企业所得税核定征收办法（试行）〉的通知》（国税发〔2008〕30 号）第十一条的规定，税务机关应在每年 6 月底前对上年度实行核定征收企业所得税的纳税人进行重新鉴定。重新鉴定工作完成前，纳税人可暂按上年度的核定征收方式预缴企业所得税；重新鉴定工作完成后。

111. 企业所得税法对股权转让收入如何确认？

徐箐指导：根据《国家税务总局关于贯彻落实企业所得税法若干税收问题的通知》（国税函〔2010〕79 号）的规定，关于股权转让所得确认和计算问题，企业转让股权收入，应于转让协议生效且完成股权变更手续时，确认收入的实现。转让股权收入扣除为取得该股权所发生的成本后，为股权转让所得。企业在计算股权转让所得时，不得扣除被投资企业未分配利润等股东留存收益中按该项股权所可能分配的金额。

112. 企业用于研发活动的仪器、设备加速折旧，是否可以在计算研发费时加计扣除？

徐箐指导：根据《国家税务总局关于企业研究开发费用税前加计扣除政策有关问题的公告》（国家税务总局公告 2015 年第 97 号）第二条第（一）款的规定，企业用于研发活动的仪器、设备，符合税法规定且选择加速折旧优惠政策的，在享受研发费用税前加计扣除时，就已经进行会计处理计算的折旧、费用的部分加计扣除，但不得超过按税法规定计算的金额。

因此，企业应按照上述原则进行加计扣除。

113. 企业通过基金互认买卖香港基金取得差价所得，是否需要缴纳企业所得税？

徐箐指导：需要。根据《财政部、国家税务总局、证监会关于内地与香港基金互认有关税收政策的通知》（财税〔2015〕125 号）第一条第 2 点的规定，自 2015 年 12 月 18 日起，对内地企业投资者通过基金互认买卖香港基金份额取得的转让差价所得，计入其收入总额，依法征收企业所得税。

114. 企业年会聚餐的费用，能否税前扣除？

徐箐指导：根据《国家税务总局关于企业工资薪金及职工福利费扣除问题的通知》（国税函〔2009〕3 号）第三条的规定，《实施条例》第四十条规定的企业职工福利费，所包括内容的第二项为：为职工卫生保健、生活、住房、交通等所发放的各项补贴和非货币性福利，包括企业向职工发放的因公外地就医费用、未实行医疗统筹企业职工医疗费用、职工供养直系亲属医疗补贴、供暖费补贴、职工防暑降温费、职工困难补贴、救济费、职工食堂经费补贴、职工交通补贴等。

115. 可加计扣除研发费用总额的 10% 如何计算限额？

徐箐指导：根据《国家税务总局关于企业研究开发费用税前加计扣除政策有关问题的公告》（国家税务总局公告 2015 年第 97 号）第二条第（三）款的规定，企业在一个纳税年度内进行多项研发活动的，应按照不同研发项目分别归集可加计扣除的研发费用。在计算每个项目其他相关费用的限额时应当按照以下公式计算：

其他相关费用限额 =《通知》第一条第一项允许加计扣除的研发费用中的第 1 项至第 5 项的费用之和 ×10%/(1－10%)。当其他相关费用实际发生数小于限额时，按实际发生数计算税前加计扣除数额；当其他相关费用实际发生数大于限额时，按限额计算税前加计扣除数额。

116. 享受集成电路企业所得税优惠政策由于发生环境违法支付了处罚，是否影响所得税优惠政策的享受？

徐箐指导：不能继续享受集成电路生产企业所得税优惠政策。《财政部、国家税务总局、发展改革委、工业和信息化部关于软件和集成电路产业企业所得税优惠政策有关问题的通知》（财税〔2016〕49 号）第一条的规定，财税〔2012〕27 号文件所称集成电路生产企业，是指以单片集成电路、多芯片集成电路、混合集成电路制造为主营业务并同时符合六个条件的企业，其中第六个条件为“汇算清缴年度未发生重大安全、重大质量事故或严重环境违法行为。”

所以，企业因严重环境违法被处罚已不符合可享受优惠政策的企业条件。

117. 高新技术企业发生更名，是否可以继续享受高新税收优惠政策？

徐箐指导：根据《科技部、财政部、国家税务总局关于修订印发〈高新技术企业认定管理办法〉的通知》（国科发火〔2016〕32 号）第十七条的规定，高新技术企业发生更名或与认定条件有关的重大变化（如分立、合并、重组以及经营业务发生变化等）应在三个月内向认定机构报告。经认定机构审核符合认定条件的，其高新技术企业资格不变，对于企业更名的，重新核发认定证书，编号与有效期不变；不符合认定条件的，自更名或条件变化年度起取消其高新技术企业资格。

118. 高新技术企业认定条件有哪些？

徐箐指导：根据《科技部、财政部、国家税务总局关于修订印发〈高新技术企业认定管理办法〉的通知》（国科发火〔2016〕32 号）第十一条的规定，认定为高新技术企业须同时满足以下条件：

（1）企业申请认定时须注册成立一年以上。

（2）企业通过自主研发、受让、受赠、并购等方式，获得对其主要产品（服务）在技术上发挥核心支持作用的知识产权的所有权。

（3）对企业主要产品（服务）发挥核心支持作用的技术属

于《国家重点支持的高新技术领域》规定的范围。

（4）企业从事研发和相关技术创新活动的科技人员占企业当年职工总数的比例不低于 10%。

（5）企业近三个会计年度（实际经营期不满三年的按实际经营时间计算，下同）的研究开发费用总额占同期销售收入总额的比例符合以下要求：①最近一年销售收入小于 5000 万元（含）的企业，比例不低于 5%；②最近一年销售收入在 5000 万元至 2 亿元（含）的企业，比例不低于 4%；③最近一年销售收入在 2 亿元以上的企业，比例不低于 3%。

其中，企业在中国境内发生的研究开发费用总额占全部研究开发费用总额的比例不低于 60%。

（6）近一年高新技术产品（服务）收入占企业同期总收入的比例不低于 60%。

（7）企业创新能力评价应达到相应要求。

（8）企业申请认定前一年内未发生重大安全、重大质量事故或严重环境违法行为。

119. 高新技术企业资格的有效期是几年？

徐箐指导：根据《科技部、财政部、国家税务总局关于修订印发〈高新技术企业认定管理办法〉的通知》（国科发火〔2016〕32 号）第九条的规定，通过认定的高新技术企业，其资格自颁发证书之日起有效期为三年。

120. 高新技术企业三年的认定期即将届满复审通过后，是否即可再享受高新技术企业资格？

徐箐指导：不可以。科技部、财政部、国家税务总局对《高新技术企业认定管理办法》进行了修订完善，自 2016 年 1 月 1 日开始按照新修订的《高新技术企业认定管理办法》（国科发火〔2016〕32 号）取消了高新技术企业的复审，如需继续享受高新技术企业的政策，需重新申请认定。

同时，《高新技术企业认定管理工作指引》（国科发火〔2016〕195 号附件）第四条第 3 点规定，高新技术企业资格期满当年内，在通过重新认定前，其企业所得税暂按 15% 的税率预缴，在年度汇算清缴前未取得高新技术企业资格的，应按规定补缴税款。

121. 企业在地税缴纳的工会经费应当凭什么票据税前扣除？

徐箐指导：根据《国家税务总局关于税务机关代收工会经费企业所得税税前扣除凭据问题的公告》（2011 年第 30 号）的规定，自 2010 年 1 月 1 日起，在委托税务机关代收工会经费的地区，企业拨缴的工会经费，也可凭合法、有效的工会经费代收凭据依法在税前扣除。

122. 发包方支付的工程款项中，暂扣了工程保证金如何进行申报纳税？

徐箐指导：如已全额开具发票的，则需全额进行纳税申报；如未开具发票的，应以实际收到质押金、保证金的当天为纳税义务发生时间。根据《国家税务总局关于在境外提供建筑服务等有关问题的公告》（国家税务总局公告 2016 年第 69 号）第四条的规定，纳税人提供建筑服务，被工程发包方从应支付的工程款中扣押的质押金、保证金，未开具发票的，以纳税人实际收到质押金、保证金的当天为纳税义务发生时间。

123. 公司员工出差购买的意外保险可以在企业所得税税前扣除吗?

徐箐指导：根据《国家税务总局关于企业所得税有关问题的公告》（国家税务总局公告2016年第80号）的规定，企业职工因公出差乘坐交通工具发生的人身意外保险费支出，准予企业在计算应纳税所得额时扣除。

124. 停止使用的固定资产，是否能继续进行折旧在企业所得税税前扣除?

徐箐指导：根据《中华人民共和国企业所得税法实施条例》（中华人民共和国国务院令第512号）第五十九条的规定，固定资产按照直线法计算的折旧，准予扣除。企业应当自固定资产投入使用月份的次月起计算折旧；停止使用的固定资产，应当自停止使用月份的次月起停止计算折旧。企业应当根据固定资产的性质和使用情况，合理确定固定资产的预计净残值。固定资产的预计净残值一经确定，不得变更。

125. 企业研发过程中直接形成产品对外销售的材料费用，是否可以加计扣除?

徐箐指导：根据《国家税务总局关于企业研究开发费用税前加计扣除政策有关问题的公告》（国家税务总局公告2015年第97号）的规定，企业研发活动直接形成产品或作为组成部分形成的产品对外销售的，研发费用中对应的材料费用不得加计扣除。

126. 企业实行核定定额征收企业所得税，年度终了实际税额超过核定额，应按哪个数据申报纳税？

徐箐指导：根据《国家税务总局关于印发〈企业所得税核定征收办法〉（试行）的通知》（国税发〔2008〕30号）第十四条的规定，纳税人实行核定应纳所得税额方式的，按所列规定申报纳税，其中第三项为，纳税人年度终了后，在规定的时限内按照实际经营额或实际应纳税额向税务机关申报纳税。申报额超过核定经营额或应纳税额的，按申报额缴纳税款；申报额低于核定经营额或应纳税额的，按核定经营额或应纳税额缴纳税款。

127. 研发活动和非研发活动共用的设备对应的研发费用，能否在企业所得税税前加计扣除？

徐箐指导：根据《国家税务总局关于企业研究开发费用税前加计扣除政策有关问题的公告》（国家税务总局公告2015年第97号）的规定，企业从事研发活动的人员和用于研发活动的设备同时从事或用于非研发活动的，应对其设备的使用情况做必要记录，并将其实际发生的相关费用按实际工时占比等合理方法在研发费用和生产经营费用间分配，未分配的不得加计扣除。

128. 纳税人发生研发活动时，实行加速折旧的固定资产折旧额加计扣除口径如何确定？

徐箐指导：根据《国家税务总局关于企业研究开发费用税前加计扣除政策有关问题的公告》（国家税务总局公告2015年第97号）的规定，企业用于研发活动的仪器、设备，符合税法规定且选择加速折旧优惠政策的，在享受研发费用税前加计扣除时，就已经进行会计处理计算的折旧、费用的部分加计扣除，但不得超过按税法规定计算的金额。

129. 跨地区经营建筑企业，该总机构季度预缴企业所得税时，是否可以抵减项目部已预缴的企业所得税?

徐箐指导：根据《国家税务总局关于跨地区经营建筑企业所得税征收管理问题的通知》（国税函〔2010〕156 号）的规定，总机构季度预缴时可以抵减项目部已预计的企业所得税。建筑企业总机构直接管理的跨地区设立的项目部，应按项目实际经营收入的 0.2% 按月或按季由总机构向项目所在地预分企业所得税，并由项目部向所在地主管税务机关预缴。总机构只设跨地区项目部的，扣除已由项目部预缴的企业所得税后，按照其余额就地缴纳。

130. 非行政许可审批事项取消后，公益性社会团体捐赠的税前扣除资格应如何确认?

徐箐指导：根据《财政部、国家税务总局、民政部关于公益性捐赠税前扣除资格确认审批有关调整事项的通知》（财税〔2015〕141 号）的规定，在民政部登记设立的社会组织，由民政部在登记注册环节会同财政部、国家税务总局对其公益性进行联合确认，对符合公益性社会团体条件的社会组织，财政部、国家税务总局、民政部联合发布公告，明确其公益性捐赠税前扣除资格；在民政部登记注册且已经运行的社会组织，由财政部、国家税务总局和民政部结合社会组织公益活动情况和年度检查、评估等情况，对符合公益性社会团体条件的社会组织联合发布公告，明确其公益性捐赠税前扣除资格；在省级和省级以下民政部门登记注册的社会组织，由省级相关部门参照前两项执行。

131. 申请人从中国取得的所得为股息时，不符合“受益人”的条件怎么办？

徐箐指导：根据《国家税务总局关于税收协定中“受益所有人”有关问题的公告》（国家税务总局公告 2018 年第 9 号）的规定，申请人从中国取得的所得为股息时，申请人虽不符合“受益所有人”条件，但直接或间接持有申请人 100% 股份的人符合“受益所有人”条件，并且属于以下两种情形之一的，应认为申请人具有“受益所有人”身份：①上述符合“受益所有人”条件的人为申请人所属居民国（地区）居民；②上述符合“受益所有人”条件的人虽不为申请人所属居民国（地区）居民，但该人和间接持有股份情形下的中间层均为符合条件的人。

132. 企业与其他企业合作完成一项研发项目，应如何享受加计扣除的优惠政策？

徐箐指导：根据《中华人民共和国企业所得税法》（中华人民共和国主席令第 63 号）第十一条的规定，在计算应纳税所得额时，企业按照规定计算的固定资产折旧，准予扣除。下列固定资产不得计算折旧扣除：①房屋、建筑物以外未投入使用的固定资产；②以经营租赁方式租入的固定资产；③以融资租赁方式租出的固定资产；④已足额提取折旧仍继续使用的固定资产；⑤与经营活动无关的固定资产；⑥单独估价作为固定资产入账的土地；⑦其他不得计算折旧扣除的固定资产。

133. 企业发生政策性搬迁所得，是否需要一次性确认缴纳所得税？

徐箐指导：根据《国家税务总局关于发布〈企业政策性搬

迁所得税管理办法〉的公告》（国家税务总局公告 2012 年第 40 号）第十五条、第十六条的规定，企业在搬迁期间发生的搬迁收入和搬迁支出，可以暂不计入当期应纳税所得额，而在完成搬迁的年度，对搬迁收入和支出进行汇总清算。企业的搬迁收入，扣除搬迁支出后的余额，为企业的搬迁所得。企业应在搬迁完成年度，将搬迁所得计入当年度企业应纳税所得额计算纳税。

134. 企业购买运输车辆产生的竞价费，能否税前扣除？

徐箐指导：根据《中华人民共和国企业所得税法实施条例》（中华人民共和国国务院令第 512 号）第五十八条的规定，外购的固定资产，以购买价款和支付的相关税费以及直接归属于使该资产达到预定用途发生的其他支出为计税基础。

135. 公司购入节能节水专用设备享受企业所得税优惠，是否包括安装费用？

徐箐指导：根据《财政部、国家税务总局关于执行环境保护专用设备企业所得税优惠目录、节能节水专用设备企业所得税优惠目录和安全生产专用设备企业所得税优惠目录有关问题的通知》（财税〔2008〕48 号）的规定，专用设备投资额，是指购买专用设备发票价税合计价格，但不包括按有关规定退还的增值税税款以及设备运输、安装和调试等费用。因此，可享受企业所得税优惠的专用设备投资额不包括安装费用。

136. 符合从事农、林、牧、渔业项目企业所得税优惠条件的分支机构是否需要另外进行备案？

徐箐指导：根据《国家税务总局关于发布〈企业所得税优

惠政策事项办理办法〉的公告》（国家税务总局公告 2015 年第 76 号）第十四条的规定，跨地区（省、自治区、直辖市和计划单列市）经营汇总纳税企业的优惠事项，按以下情况办理："（一）分支机构享受所得减免、研发费用加计扣除、安置残疾人员、促进就业、部分区域性税收优惠（西部大开发、经济特区、上海浦东新区、深圳前海、广东横琴、福建平潭），以及购置环境保护、节能节水、安全生产等专用设备投资抵免税额优惠，由二级分支机构向其主管税务机关备案。其他优惠事项由总机构统一备案。"因此，企业如果符合从事农、林、牧、渔业项目企业所得税优惠条件的分支机构需要进行备案。

137. 投资高新技术企业，可否享受企业所得税减免？

徐箐指导：根据《国家税务总局关于实施创业投资企业所得税优惠问题的通知》（国税发〔2009〕87 号）的规定，创业投资企业采取股权投资方式投资于未上市的中小高新技术企业 2 年（24 个月）以上，凡符合所列条件的，可以按照其对中小高新技术企业投资额的 70%，在股权持有满 2 年的当年抵扣该创业投资企业的应纳税所得额；当年不足抵扣的，可以在以后纳税年度结转抵扣。

根据《国家税务总局关于有限合伙制创业投资企业法人合伙人企业所得税有关问题的公告》（国家税务总局公告 2015 年第 81 号）的规定，有限合伙制创业投资企业采取股权投资方式投资于未上市的中小高新技术企业满 2 年（24 个月）的，其法人合伙人可按照对未上市中小高新技术企业投资额的 70% 抵扣该法人合伙人从该有限合伙制创业投资企业分得的应纳税所得额，当年不足抵扣的，可以在以后纳税年度结转抵扣。因此，符合上述文件规定的可以享受所得税减免。

138. 因缴费年限不够补缴退休社保，单位缴费部分是否可以在企业所得税税前列支？

徐箐指导：根据《中华人民共和国企业所得税法实施条例》（中华人民共和国国务院令第 512 号）第三十五条的规定，企业依照国务院有关主管部门或者省级人民政府规定的范围和标准为职工缴纳的基本养老保险费、基本医疗保险费、失业保险费、工伤保险费、生育保险费等基本社会保险费和住房公积金，准予扣除。

因此符合规定补缴的退休社保单位补缴部分可以税前扣除。

139. 为研发人员支付的“五险一金”可以加计扣除吗？

徐箐指导：根据《财政部、国家税务总局、科技部关于完善研究开发费用税前加计扣除政策的通知》（财税〔2015〕119 号）的规定，本通知所称研发活动，是指企业为获得科学与技术新知识，创造性运用科学技术新知识，或实质性改进技术、产品（服务）、工艺而持续进行的具有明确目标的系统性活动。在“允许加计扣除的研发费用”中包括人员人工费用。即直接从事研发活动人员的工资薪金、基本养老保险费、基本医疗保险费、失业保险费、工伤保险费、生育保险费和住房公积金，以及外聘研发人员的劳务费用。

因此，为研发人员支付的“五险一金”可以加计扣除。

140. 母公司委托子公司进行项目研究开发。子公司作为受托方，该项目发生的研究开发费用是否可以归集为自己的研究开发费用来计算？

徐箐指导：根据《国家税务总局关于印发〈企业研究开发

费用税前扣除管理办法（试行）〉的通知》（国税发〔2008〕116号）第六条的规定，对企业委托给外单位进行开发的研发费用，凡符合上述条件的，由委托方按照规定计算加计扣除，受托方不得再进行加计扣除。对委托开发的项目，受托方应向委托方提供该研发项目的费用支出明细情况，否则，该委托开发项目的费用支出不得实行加计扣除。

根据《财政部、国家税务总局、科技部关于完善研究开发费用税前加计扣除政策的通知》（财税〔2015〕119 号）第二条第一款的规定，企业委托外部机构或个人进行研发活动所发生的费用，按照费用实际发生额的 80% 计入委托方研发费用并计算加计扣除，受托方不得再进行加计扣除。委托外部研究开发费用实际发生额应按照独立交易原则确定。委托方与受托方存在关联关系的，受托方应向委托方提供研发项目费用支出明细情况。企业委托境外机构或个人进行研发活动所发生的费用，不得加计扣除。

因此，2008～2015 年度，按《国家税务总局关于印发〈企业研究开发费用税前扣除管理办法（试行）〉的通知》（国税发〔2008〕116 号）第六条规定执行。2016 年 1 月 1 日起，按《财政部、国家税务总局、科技部关于完善研究开发费用税前加计扣除政策的通知》（财税〔2015〕119 号）规定执行。按上述文件受托方不得加计扣除研发开发费用。

141. 子公司注册期间向母公司借款发生的支付利息，是否可以在子公司企业所得税税前扣除?

徐箐指导：根据《财政部、国家税务总局关于企业关联方利息支出税前扣除标准有关税收政策问题的通知》（财税〔2008〕

121 号）的规定，应注意以下三个方面要求：

（1）在计算应纳税所得额时，企业实际支付给关联方的利息支出，不超过以下规定比例和税法及其实施条例有关规定计算的部分，准予扣除，超过的部分不得在发生当期和以后年度扣除。

企业实际支付给关联方的利息支出，除符合本通知第二条规定外，其接受关联方债权性投资与其权益性投资比例为：①金融企业，为5∶1；②其他企业，为2∶1。

（2）企业如果能够按照税法及其实施条例的有关规定提供相关资料，并证明相关交易活动符合独立交易原则的；或者该企业的实际税负不高于境内关联方的，其实际支付给境内关联方的利息支出，在计算应纳税所得额时准予扣除。

（3）根据《国家税务总局关于企业投资者投资未到位而发生的利息支出企业所得税前扣除问题的批复》（国税函〔2009〕312 号）的规定，凡企业投资者在规定期限内未缴足其应缴资本额的，该企业对外借款所发生的利息，相当于投资者实缴资本额与在规定期限内应缴资本额的差额应计付的利息，其不属于企业合理的支出，应由企业投资者负担，不得在计算企业应纳税所得额时扣除。

因此，企业发生的借款利息的税前扣除应按上述文件规定执行。

142. 小型微利企业全年累计亏损，是否可以计算减免税额？

徐箐指导：根据《中华人民共和国企业所得税法》（中华人民共和国主席令第 63 号）第二十八条第一款的规定，符合条件的小型微利企业，减按 20% 的税率征收企业所得税。

根据《财政部、国家税务总局关于小型微利企业所得税优惠政策的通知》（财税〔2015〕34 号）规定，自 2015 年 1 月 1 日至 2017 年 12 月 31 日，对年应纳税所得额低于 20 万元（含 20 万元）的小型微利企业，其所得减按 50% 计入应纳税所得额，按 20% 的税率缴纳企业所得税。小型微利企业，是指符合《中华人民共和国企业所得税法》及其实施条例规定的小型微利企业。

根据《财政部、国家税务总局关于进一步扩大小型微利企业所得税优惠政策范围的通知》（财税〔2015〕99 号）的规定，自 2015 年 10 月 1 日起至 2017 年 12 月 31 日，对年应纳税所得额在 20 万～30 万元（含 30 万元）之间的小型微利企业，其所得减按 50% 计入应纳税所得额，按 20% 的税率缴纳企业所得税。

根据《中华人民共和国企业所得税法》（中华人民共和国主席令第 63 号）第五条的规定，企业每一纳税年度的收入总额，减除不征税收入、免税收入、各项扣除以及允许弥补的以前年度亏损后的余额，为应纳税所得额。因此，按照上述文件规定，亏损企业纳税调整后应纳税所得额小于等于零不缴纳企业所得税，不需要计算小型微利企业减免额。如纳税调整后，应纳税所得额大于零小于等于 30 万元的，应计算小型微利企业所得额减免额。

143. 企业由二级分支机构变更为三级分支机构，企业所得税如何申报？

徐箐指导：根据《国家税务总局关于印发〈跨地区经营汇总纳税企业所得税征收管理办法〉的公告》（国家税务总局公告 2012 年第 57 号）第十五条的规定，总机构应按照上年度分支机构的营业收入、职工薪酬和资产总额三个因素计算各分支机构分摊所得税款的比例；三级及以下分支机构，其营业收入、职工薪酬和资产总额统一计入二级分支机构；三因素的权重依次为 0.35、0.35、0.30。因此，三级分支机构企业所得税汇总合并至二级分支机构计算，企业所得税无须申报。

144. 企业所得税核定征收，是否每年税务机关都会进行鉴定?

徐箐指导：根据《国家税务总局关于印发〈企业所得税核定征收办法（试行）〉的通知》（国税发〔2008〕30 号）第十一条的规定，税务机关应在每年 6 月底前对上年度实行核定征收企业所得税的纳税人进行重新鉴定。重新鉴定工作完成前，纳税人可暂按上年度的核定征收方式预缴企业所得税；重新鉴定工作完成后，按重新鉴定的结果进行调整。

所以，税务机关会在每年 6 月底前对上年度实行核定征收企业所得税的纳税人进行重新鉴定。

145. 企业取得的国债利息，能否免征企业所得税?

徐箐指导：根据《国家税务总局关于企业国债投资业务企业所得税处理问题的公告》（国家税务总局公告 2011 年第 36 号）的规定，国债利息收入免税问题根据企业所得税法第二十六条的规定，企业取得的国债利息收入，免征企业所得税。具体按以下规定执行：①企业从发行者直接投资购买的国债持有至到期，其从发行者取得的国债利息收入，全额免征企业所得税。②企业到期前转让国债，或者从非发行者投资购买的国债，其按本公告第一条第（二）项计算的国债利息收入，免征企业所得税。

146. 企业所得税季度预缴申报B类报表收入总额按照季度数据还是全年累计数据填写?

徐箐指导：根据《中华人民共和国企业所得税月（季）度和年度预缴纳税申报表（B类，2015年版）》及填报说明第三条规定，具体项目填报说明规定，“收入总额”填写本年度累计取得的各项收入金额。

所以，核定征收企业所得税纳税人季度预缴按照全年累计数据填写收入总额。

147. 总机构企业所得税在地税，分支机构企业所得税在国税，能否汇总申报?

徐箐指导：根据《国家税务总局关于调整新增企业所得税征管范围问题的通知》（国税发〔2008〕120号）的规定，2008年底之前已成立跨区经营汇总纳税企业，2009年起新设立的分支机构，其企业所得税的征管部门应与总机构企业所得税征管部门相一致；2009年起新增跨区经营汇总纳税企业，总机构按基本规定确定的原则划分征管归属，其分支机构企业所得税的管理部门也应与总机构企业所得税管理部门相一致。

注意：目前征管现状中总分机构主管税务机关分别在国、地税的，可以按国家税务总局公告2012年第57号的规定申报缴税。

148. 保险公司的二级分支机构的企业所得税在哪级税务机关管理?

徐箐指导：根据《国家税务总局关于调整新增企业所得税征管范围问题的通知》（国税发〔2008〕120号）的规定，银行（信用社）、保险公司的企业所得税由国家税务局管理，除上述规定外的其他各类金融企业的企业所得税由地方税务局管理。2008 年底之前已成立跨区经营汇总纳税企业，2009 年起新设立的分支机构，其企业所得税的征管部门应与总机构企业所得税征管部门相一致；2009 年起新增跨区经营汇总纳税企业，总机构按基本规定确定的原则划分征管归属，其分支机构企业所得税的管理部门也应与总机构企业所得税管理部门相一致。本通知自 2009 年 1 月 1 日起执行。因此，银行（信用社）、保险公司的企业所得税由国家税务局管理，2009 年起新增的保险公司的二级分支机构应该与总机构企业所得税管理部门相一致。

149. 企业所得税月（季）度预缴纳税申报表中"固定资产加速折旧（扣除）明细表"中，第一行"重要行业固定资产加速折旧"的重要行业包括哪些？

徐箐指导：根据《国家税务总局关于修改企业所得税月（季）度预缴纳税申报表的公告》（国家税务总局公告 2015 年第 79 号）附件一填报说明第二条第一款规定："1. 第 1 行'一、重要行业固定资产加速折旧'：生物药品制造业，专用设备制造业，铁路、船舶、航空航天和其他运输设备制造业，计算机、通信和其他电子设备制造业，仪器仪表制造业，信息传输、软件和信息技术服务业 6 个行业，以及轻工、纺织、机械、汽车四大领域 18 个行业（以下称'重要行业'）的纳税人，按照财税〔2014〕75 号和财税〔2015〕106 号文件规定，对于新购进固定资产在税收上采取加速折旧的，结合会计折旧政策，分不同情况填报纳税调减和加速折旧优惠统计情况。本行 =2 行 +3 行。"

根据《关于固定资产加速折旧税收政策有关问题的公告》（国家税务总局公告 2014 年第 64 号）的规定，六大行业按照国家统计局《国民经济行业分类与代码（GB/4754－2011）》确定。今后国家有关部门更新国民经济行业分类与代码，从其规定。六大行业企业是指以上述行业业务为主营业务，其固定资产投入使用当年主营业务收入占企业收入总额50%（不含）以上的企业。所称收入总额，是指企业所得税法第六条规定的收入总额。

根据《国家税务总局关于进一步完善固定资产加速折旧企业所得税政策有关问题的公告》（国家税务总局公告2015年第68号）的规定，四个领域重点行业按照财税〔2015〕106号附件“轻工、纺织、机械、汽车四个领域重点行业范围”确定。今后国家有关部门更新国民经济行业分类与代码，从其规定。

注意：四个领域重点行业企业是指以上述行业业务为主营业务，其固定资产投入使用当年的主营业务收入占企业收入总额50%（不含）以上的企业。所称收入总额，是指企业所得税法第六条规定的收入总额。所以该栏次重要行业包括以上文件规定行业。

150. 分支机构需要享受安置残疾人员所支付的工资加计扣除的优惠，是否需要备案？

徐箐指导：根据《国家税务总局关于发布〈企业所得税优惠政策事项办理办法〉的公告》（国家税务总局公告2015年第76号）第十四条的规定，跨地区（省、自治区、直辖市和计划单列市）经营汇总纳税企业（以下简称“汇总纳税企业”）的优惠事项，按以下情况办理：

（1）分支机构享受所得减免、研发费用加计扣除、安置残疾人员、促进就业、部分区域性税收优惠（西部大开发、经济特区、上海浦东新区、深圳前海、广东横琴、福建平潭），以及购置环境保护、节能节水、安全生产等专用设备投资抵免税额优惠，由二级分支机构向其主管税务机关备案。其他优惠事项由总机构统一备案。

（2）总机构应当汇总所属二级分支机构已备案优惠事项，填写《汇总纳税企业分支机构已备案优惠事项清单》，随同企业所得税年度纳税申报表一并报送其主管税务机关。同一省、自治区、直辖市和计划单列市内跨地区经营的汇总纳税企业优惠事项的备案管理，由省税务机关确定。根据业务处室的回复：省内跨市县经营的汇总纳税企业优惠事项的备案按国家税务总局公告 2015 年第 76 号规定，比照跨省市经营汇总纳税企业规定执行。因此，总分机构需要享受安置残疾人员所支付的工资加计扣除的优惠，按国家税务总局公告 2015 年第 76 号，由总分机构分别向所在地主管税务机关备案申报。

151. 企业支付的企业年金，能否在企业所得税税前扣除？

徐箐指导：根据《〈企业会计准则第 10 号——企业年金基金〉应用指南》（财会〔2006〕18 号）第一条的规定，企业年金是指企业及其职工在依法参加基本养老保险的基础上，自愿建立的补充养老保险制度。企业年金基金由企业缴费、职工个人缴费和企业年金基金投资运营收益组成，实行完全积累，采用个人账户方式进行管理。企业缴费属于职工薪酬的范围，适用《企业会计准则第 9 号——职工薪酬》。

根据《中华人民共和国企业所得税法实施条例》（中华人民共和国国务院令第 512 号）第三十五条的规定，企业依照国务院有关主管部门或者省级人民政府规定的范围和标准为职工缴纳的基本养老保险费、基本医疗保险费、失业保险费、工伤保险费、生育保险费等基本社会保险费和住房公积金，准予扣除。

企业为投资者或者职工支付的补充养老保险费、补充医疗保险费，在国务院财政、税务主管部门规定的范围和标准内，准予扣除。

根据《财政部、国家税务总局关于补充养老保险费补充医疗保险费有关企业所得税政策问题的通知》（财税〔2009〕27号）规定，自2008年1月1日起，企业根据国家有关政策规定，为在本企业任职或者受雇的全体员工支付的补充养老保险费、补充医疗保险费，分别在不超过职工工资总额5%标准内的部分，在计算应纳税所得额时准予扣除；超过的部分，不予扣除。

所以，企业支付的企业年金符合上述规定的可以在企业所得税税前扣除。

152. 企业委托个人开发的动漫游戏软件，其开发费用能否在企业所得税税前加计扣除？

徐箐指导：根据《财政部、国家税务总局、科技部关于完善研究开发费用税前加计扣除政策的通知》（财税〔2015〕119号）的规定，企业委托外部机构或个人进行研发活动所发生的费用，按照费用实际发生额的80%计入委托方研发费用并计算加计扣除，受托方不得再进行加计扣除。委托外部研究开发费用实际发生额应按照独立交易原则确定。委托方与受托方存在关联关系的，受托方应向委托方提供研发项目费用支出明细情况。企业委托境外机构或个人进行研发活动所发生的费用，不得加计扣除。

企业为获得创新性、创意性、突破性的产品进行创意设计活动而发生的相关费用，可按照本通知规定进行税前加计扣除。创意设计活动是指多媒体软件、动漫游戏软件开发，数字动漫、游戏设计制作；房屋建筑工程设计（绿色建筑评价标准为三星）、风景园林工程专项设计；工业设计、多媒体设计、动漫及衍生产品设计、模型设计等。

根据《国家税务总局关于企业研究开发费用税前加计扣除政策有关问题的公告》（国家税务总局公告 2015 年第 97 号）的规定，企业委托外部机构或个人开展研发活动发生的费用，可按规定税前扣除；加计扣除时按照研发活动发生费用的 80% 作为加计扣除基数。委托个人研发的，应凭个人出具的发票等合法有效凭证在税前加计扣除。企业委托境外研发所发生的费用不得加计扣除，其中受托研发的境外机构是指依照外国和地区（含港澳台）法律成立的企业和其他取得收入的组织。受托研发的境外个人是指外籍（含港澳台）个人。

注意：执行时间，本公告适用于 2016 年度及以后年度企业所得税汇算清缴。

所以，从 2016 年 1 月 1 日起，委托个人开发的动漫游戏软件所支付的开发费用可以按照上述规定税前加计扣除。

153. 申请企业所得税税收抵免时，若合同为外文，其翻译件是否要求官方证明文件？

徐箐指导：根据《国家税务总局关于发布〈企业境外所得税收抵免操作指南〉的公告》（国家税务总局公告 2010 年第 1 号）的规定，企业申报抵免境外所得税收（包括按照《通知》第十条规定的简易办法进行的抵免）时应向其主管税务机关提交以下书面资料：上述资料已向税务机关提供的，可不再提供；上述资料若有变更的，需重新提供；复印件需注明与原件一致，译本须注明与原本无异义，并加盖企业公章。

根据以上文件规定，合同翻译件无须提供官方出具的证明。

154. 如何界定研究开发费用税前加计扣除新技术、新产品、新工艺？

徐箐指导：根据《财政部、国家税务总局、科技部关于完善研究开发费用税前加计扣除政策的通知》（财税〔2015〕119 号）的规定，本通知所称研发活动，是指企业为获得科学与技术新知识，创造性运用科学技术新知识，或实质性改进技术、产品（服务）、工艺而持续进行的具有明确目标的系统性活动。

155. 工资薪金中的津贴、补贴具体指什么？

徐箐指导：根据《中华人民共和国企业所得税法实施条例释义及适用指南》的规定，1989 年国家统计局第 1 号令《关于职工工资总额组成的规定》将企业工资总额分为六个部分，其中津贴和补贴，是指为了补偿职工特殊或额外的劳动消耗和因其他特殊原因支付给职工的津贴，以及为了保证职工工资水平不受物价影响支付的物价补贴，包括补偿职工特殊或额外劳动消耗的津贴（如高空津贴、井下津贴等），保健津贴，技术性津贴（如工人技校师津贴），工龄津贴及其他津贴（如直接支付给伙食津贴、合同制职工工资性补贴及书报费等）。

156. 自行建造的厂房原值如何确定计税基础？

徐箐指导：根据《中华人民共和国企业所得税法实施条例》（中华人民共和国国务院令第 512 号）第五十八条规定，自行建造的固定资产，以竣工结算前发生的支出为计税基础。

所以，自行建造的厂房计税基础为竣工结算前发生的支出。

157. 无形资产如何确定企业所得税计税基础?

徐箐指导：根据《中华人民共和国企业所得税法实施条例》（中华人民共和国国务院令第 512 号）第六十六条的规定，无形资产按照以下方法确定计税基础：①外购的无形资产，以购买价款和支付的相关税费以及直接归属于使该资产达到预定用途发生的其他支出为计税基础；②自行开发的无形资产，以开发过程中该资产符合资本化条件后至达到预定用途前发生的支出为计税基础；③通过捐赠、投资、非货币性资产交换、债务重组等方式取得的无形资产，以该资产的公允价值和支付的相关税费为计税基础。

158. 国有企业之间进行无偿资产划拨，固定资产的计税基础应该如何确认?

徐箐指导：根据《中华人民共和国企业所得税法实施条例》（中华人民共和国国务院令第 512 号）第五十八条的规定，注意固定资产按照以下方法确定计税基础：通过捐赠、投资、非货币性资产交换、债务重组等方式取得的固定资产，以该资产的公允价值和支付的相关税费为计税基础。

根据《国家税务总局关于企业所得税应纳税所得额若干问题的公告》（国家税务总局公告 2014 年第 29 号）第一条的规定，①县级以上人民政府（包括政府有关部门）将国有资产明确以股权投资方式投入企业，企业应作为国家资本金（包括资本公积）处理。该项资产如为非货币性资产，应按政府确定的接收价值确定计税基础。②县级以上人民政府将国有资产无偿划入企业，凡指定专门用途并按《财政部、国家税务总局关于专项用途财政性资金企业所得税处理问题的通知》（财税〔2011〕70 号）

规定进行管理的，企业可作为不征税收入进行企业所得税处理。其中，该项资产属于非货币性资产的，应按政府确定的接收价值计算不征税收入。县级以上人民政府将国有资产无偿划入企业，属于上述两种情形，应按政府确定的接收价值计入当期收入总额计算缴纳企业所得税。政府没有确定接收价值的，按资产的公允价值计算确定应税收入。

所以，国有企业之间进行无偿资产划拨，该资产的计税基础按照上述文件执行。

159. 企业所得税分配表的内容发生变更应如何处理？

徐箐指导：根据《国家税务总局关于印发〈跨地区经营汇总纳税企业所得税征收管理办法〉的公告》（国家税务总局公告 2012 年第 57 号）第二十二条的规定，总机构应将其所有二级及以下分支机构（包括本办法第五条规定的分支机构）信息报其所在地主管税务机关备案，内容包括分支机构名称、层级、地址、邮编、纳税人识别号及企业所得税主管税务机关名称、地址和邮编。分支机构（包括本办法第五条规定的分支机构）应将其总机构、上级分支机构和下属分支机构信息报其所在地主管税务机关备案，内容包括总机构、上级机构和下属分支机构名称、层级、地址、邮编、纳税人识别号及企业所得税主管税务机关名称、地址和邮编。上述备案信息发生变化的，除另有规定外，应在内容变化后 30 日内报总机构和分支机构所在地主管税务机关备案，并办理变更税务登记。

因此，纳税人企业所得税分配表发生变更以后，应在内容变化后 30 日内报总机构和分支机构所在地主管税务机关备案，并办理变更税务登记。

160. 收到财政补助不属于不征税收入，对其发生的研发费用，是否可以加计在企业所得税中扣除？

徐箐指导：注意把握以下三点：

（1）根据《财政部、国家税务总局关于财政性资金、行政事业性收费、政府性基金有关企业所得税政策问题的通知》（财税〔2008〕151号）的规定，企业的不征税收入用于支出所形成的费用，不得在计算应纳税所得额时扣除；企业的不征税收入用于支出所形成的资产，其计算的折旧、摊销不得在计算应纳税所得额时扣除。

（2）根据《国家税务总局关于企业研究开发费用税前加计扣除政策有关问题的公告》（国家税务总局公告2015年第97号）的规定，企业取得作为不征税收入处理的财政性资金用于研发活动所形成的费用或无形资产，不得计算加计扣除或摊销。法律、行政法规和国务院财税主管部门规定不允许企业所得税前扣除的费用和支出项目不得计算加计扣除。已计入无形资产但不属于《通知》中允许加计扣除研发费用范围的，企业摊销时不得计算加计扣除。

（3）注意执行时间：适用于2016年度及以后年度企业所得税汇算清缴。

因此，财政补助若不属于不征税收入，用于研发项目的费用，可以加计扣除。

161. 国有企业改制车辆评估增值按照评估价值入账并计提折旧，该折旧能否在企业所得税税前扣除？

徐箐指导：根据《财政部、国家税务总局关于企业改制上市资产评估增值企业所得税处理政策的通知》（财税〔2015〕65

号）第一条第三项的规定，经确认的评估增值资产，可按评估价值入账并按有关规定计提折旧或摊销，在计算应纳税所得额时允许扣除。

因此，符合条件的国有企业改制上市过程中，经确认的评估增值资产，可按评估价值入账并按有关规定计提折旧或摊销，在计算应纳税所得额时允许扣除。

162. 企业发生技术转让，可享受何种企业所得税税收优惠政策？

徐箐指导：根据《中华人民共和国企业所得税法》（中华人民共和国主席令第 63 号）第二十七条的规定，符合条件的技术转让所得，可以免征、减征企业所得税。根据《中华人民共和国企业所得税法实施条例》（中华人民共和国国务院令第 512 号）第九十条的规定，企业所得税法第二十七条第（四）项所称符合条件的技术转让所得免征、减征企业所得税，是指一个纳税年度内，居民企业技术转让所得不超过 500 万元的部分，免征企业所得税；超过 500 万元的部分，减半征收企业所得税。

163. 对饮水工程运营管理单位从事《公共基础设施项目企业所得税优惠目录》规定的饮水工程新建项目投资经营的所得，自项目取得第一笔生产经营收入所属纳税年度起，第一年至第三年免征企业所得税，第四年至第六年减半征收企业所得税的政策当中所指的“饮水工程”的具体含义？

徐箐指导：根据《财政部、国家税务总局关于继续实行农村饮水安全工程建设运营税收优惠政策的通知》（财税〔2016〕19 号）的规定，饮水工程，是指为农村居民提供生活用水而建设的供水工程设施。饮水工程运营管理单位，是指负责饮水工程运营管理的自来水公司、供水公司、供水（总）站（厂、中心）、村集体、农民用水合作组织等单位。

对于既向城镇居民供水，又向农村居民供水的饮水工程运营管理单位，依据向农村居民供水收入占总供水收入的比例免征增值税；依据向农村居民供水量占总供水量的比例免征契税、印花税、房产税和城镇土地使用税。无法提供具体比例或所提供数据不实的，不得享受上述税收优惠政策。

注意：上述政策（第五条除外）自2016年1月1日至2018年12月31日执行。

因此，该政策当中所指的“饮水工程”需符合上述文件的规定。

164. 合伙企业的法人合伙人如何确认其投资合伙企业的应纳税所得额？

徐箐指导：根据《财政部、国家税务总局关于合伙企业合伙人所得税问题的通知》（财税〔2008〕159号）的规定，应注意两个环节：

（1）合伙企业生产经营所得和其他所得采取“先分后税”的原则。具体应纳税所得额的计算按照《关于个人独资企业和合伙企业投资者征收个人所得税的规定》（财税〔2000〕91号）及《财政部、国家税务总局关于调整个体工商户个人独资企业和合伙企业个人所得税税前扣除标准有关问题的通知》（财税〔2008〕65号）的有关规定执行。生产经营所得和其他所得，包括合伙企业分配给所有合伙人的所得和企业当年留存的所得（利润）。

（2）合伙企业的合伙人按照下列原则确定应纳税所得额：

①合伙企业的合伙人以合伙企业的生产经营所得和其他所得，按照合伙协议约定的分配比例确定应纳税所得额。②合伙协议未约定或者约定不明确的，以全部生产经营所得和其他所得，按照合伙人协商决定的分配比例确定应纳税所得额。③协商不成的，以全部生产经营所得和其他所得，按照合伙人实缴出资比例确定应纳税所得额。④无法确定出资比例的，以全部生产经营所得和其他所得，按照合伙人数量平均计算每个合伙人的应纳税所得额。合伙协议不得约定将全部利润分配给部分合伙人。

因此，法人合伙人可以根据以上文件确认其应纳税所得额。

165. 商业零售企业存货因零星失窃、报废、废弃等正常因素形成的损失，如何确定“零星”？

徐箐指导：根据《国家税务总局关于发布〈企业资产损失所得税税前扣除管理办法〉的公告》（国家税务总局公告2011年第25号）第二十七条的规定，存货报废、毁损或变质损失，为其计税成本扣除残值及责任人赔偿后的余额，应依据的证据材料确认项包括：

该项损失数额较大的（指占企业该类资产计税成本10%以上，或减少当年应纳税所得、增加亏损10%以上，下同），应有专业技术鉴定意见或法定资质中介机构出具的专项报告等。

因此，根据上述文件，“零星”指企业该类资产计税成本10%以下，或减少当年应纳税所得、增加亏损10%以下的情形。

166. 集团企业统贷统还贷款没有银行付息单据，是否可以在所得税税前扣除？

徐箐指导：根据《国家税务总局关于企业所得税若干问题的

公告》（国家税务总局公告2011年第34号）的规定，企业当年度实际发生的相关成本、费用，由于各种原因未能及时取得该成本、费用的有效凭证，企业在预缴季度所得税时，可暂按账面发生金额进行核算；但在汇算清缴时，应补充提供该成本、费用的有效凭证。

注意：根据《企业所得税法》第二十一条的规定，对企业依据财务会计制度规定，并实际在财务会计处理上已确认的支出，凡没有超过《企业所得税法》和有关税收法规规定的税前扣除范围和标准的，可按企业实际会计处理确认的支出，在企业所得税前扣除，计算其应纳税所得额。

因此，根据文件规定，当年度实际发生的相关成本、费用取得有效凭证可以进行扣除，税法没有规定的，可按企业实际会计处理确认。

167. 总公司将一块地划转给分公司，是否需要确认收入缴纳企业所得税?

徐箐指导：根据《国家税务总局关于企业处置资产所得税处理问题的通知》（国税函〔2008〕828号）第一条第四款的规定，将资产在总机构及其分支机构之间转移，除将资产转移至境外以外，由于资产所有权属在形式和实质上均不发生改变，可作为内部处置资产，不视同销售确认收入，相关资产的计税基础延续计算。

168. 公司将外资股份转为内资股份，是否属于股权转让需要申报纳税?

徐箐指导：根据《国家税务总局关于加强非居民企业股权转

让所得企业所得税管理的通知》（国税函〔2009〕698 号）的规定，注意以下的处理要求：

（1）股权转让所得是指股权转让价减除股权成本价后的差额。

股权转让价是指股权转让人就转让的股权所收取的包括现金、非货币资产或者权益等形式的金额。

（2）根据《国家税务总局关于外商投资企业和外国企业原有若干税收优惠政策取消后有关事项处理的通知》（国税发〔2008〕23 号）第三条的规定，外商投资企业按照《中华人民共和国外商投资企业和外国企业所得税法》规定享受定期减免税优惠，2008 年后，企业生产经营业务性质或经营期发生变化，导致其不符合《中华人民共和国外商投资企业和外国企业所得税法》规定条件的，仍应依据《中华人民共和国外商投资企业和外国企业所得税法》规定补缴其此前（包括在优惠过渡期内）已经享受的定期减免税税款。

所以，股东身份变更不属于股权转让行为，外商投资企业按照规定享受定期减免税优惠，2008 年后，企业生产经营业务性质或经营期发生变化，导致其不符合《中华人民共和国外商投资企业和外国企业所得税法》规定条件的，仍应依据《中华人民共和国外商投资企业和外国企业所得税法》规定补缴其此前（包括在优惠过渡期内）已经享受的定期减免税税款。

169. 股东以股权进行出资后出现增值，记入资本公积后是否需要交企业所得税?

徐箐指导：根据《中华人民共和国企业所得税法实施条例》（中华人民共和国国务院令第 512 号）第五十六条的规定，企业的各项资产，包括固定资产、生物资产、无形资产、长期待摊费用、投资资产、存货等，以历史成本为计税基础。前款所称历史成本，是指企业取得该项资产时实际发生的支出。企业持有各项资产期间的资产增值或者减值，除国务院财政、税务主管部门规定可以确认损益外，不得调整该资产的计税基础。

根据《国家税务总局关于贯彻落实企业所得税法若干税收问题的通知》（国税函〔2010〕79 号）第四条规定，关于股息、红利等权益性投资收益收入确认问题企业的权益性投资取得股息、红利等收入，应以被投资企业股东会或股东大会作出利润分配或转股决定的日期，确定收入的实现。被投资企业将股权（票）溢价所形成的资本公积转为股本的，不作为投资方企业的股息、红利收入，投资方企业也不得增加该项长期投资的计税基础。

所以，该项增资不需要缴纳企业所得税。

170. 以前年度已经科技部门鉴定的项目，加计扣除费用是否还需要重新鉴定？

徐箐指导：根据《财政部、国家税务总局、科技部关于完善研究开发费用税前加计扣除政策的通知》（财税（2015）119 号）的规定，税务机关对企业享受加计扣除优惠的研发项目有异议的，可以转请地市级（含）以上科技行政主管部门出具鉴定意见，科技部门应及时回复意见。企业承担省部级（含）以上科研项目的，以及以前年度已鉴定的跨年度研发项目，不再需要鉴定。

所以，以前年度已鉴定的跨年度研发项目，不再需要鉴定。

171. 现金折扣能否在企业所得税税前扣除？

徐箐指导：根据《国家税务总局关于确认企业所得税收入若

干问题的通知》（国税函〔2008〕875 号）第一条第五款的规定，企业为促进商品销售而在商品价格上给予的价格扣除属于商业折扣，商品销售涉及商业折扣的，应当按照扣除商业折扣后的金额确定销售商品收入金额。债权人为鼓励债务人在规定的期限内付款而向债务人提供的债务扣除属于现金折扣，销售商品涉及现金折扣的，应当按扣除现金折扣前的金额确定销售商品收入金额，现金折扣在实际发生时作为财务费用扣除。

所以，债权人为鼓励债务人在规定的期限内付款而向债务人提供的债务扣除属于现金折扣，销售商品涉及现金折扣的，应当按扣除现金折扣前的金额确定销售商品收入金额，现金折扣在实际发生时作为财务费用扣除。

172. 是否有 20 位数的纳税人识别号?

徐箐指导：根据《国家税务总局关于完善税务登记管理若干问题的通知》（国税发〔2006〕37 号）第二条的规定，个体工商户以及持回乡证、通行证、护照办理税务登记的纳税人，其纳税人识别号为身份证件号码加 2 位顺序码。已经取得组织机构代码的个体工商户的纳税人识别号为行政区域码加组织机构代码。

承包租赁经营的纳税人，应当以承包承租人的名义办理临时税务登记。个人承包租赁经营的，以承包承租人的身份证号码为基础加 2 位顺序码编制纳税人识别号；企业承包租赁经营的，以行政区域码加组织机构代码为纳税人识别号。

173. 小麦皮、玉米芯是否属于初级农产品征税范围?

徐箐指导：根据《财政部、国家税务总局关于印发〈农业产品征税范围注释〉的通知》（财税字〔1995〕52 号）的规定：

“植物类包括人工种植和天然生长的各种植物的初级产品。具体征税范围为：

……

其他植物是指除上述列举植物以外的其他各种人工种植和野生的植物，如树苗、花卉、植物种子、植物叶子、草、麦秸、豆类、薯类、藻类植物等。

干花、干草、薯干、干制的藻类植物，农业产品的下脚料等，也属于本货物的征税范围。”

所以，小麦皮、玉米芯是农业产品的下脚料，属于初级农产品的征税范围。

174. 股权转让交易双方均为非居民企业且在境外交易的，应在什么时间向税务机关报送相关资料？

徐箐指导：根据《国家税务总局关于印发非居民企业所得税源泉扣缴管理暂行办法的通知》（国税发〔2009〕3 号）第五条的规定，股权转让交易双方均为非居民企业且在境外交易的，被转让股权的境内企业在依法变更税务登记时，应将股权转让合同复印件报送主管税务机关。

175. 居民企业资产划转适用特殊性税务处理，应提供什么材料？

徐箐指导：根据《国家税务总局关于资产（股权）划转企业所得税征管问题的公告》（国家税务总局公告 2015 年第 40 号）第五条的规定，交易双方应在企业所得税年度汇算清缴时，分别向各自主管税务机关报送《居民企业资产（股权）划转特殊性税务处理申报表》（详见附件）和相关资料（一式两份）。相关资料包括：

（1）股权或资产划转总体情况说明，包括基本情况、划转方案等，并详细说明划转的商业目的；

（2）交易双方或多方签订的股权或资产划转合同（协议），需有权部门（包括内部和外部）批准的，应提供批准文件；

（3）被划转股权或资产账面净值和计税基础说明；

（4）交易双方按账面净值划转股权或资产的说明（需附会计处理资料）；

（5）交易双方均未在会计上确认损益的说明（需附会计处理资料）；

（6）12 个月内不改变被划转股权或资产原来实质性经营活动的承诺书。

所以，应按照上述要求递交材料。

176. 职工食堂的抽油烟机发生的维修费用如何在企业所得税税前扣除？

徐箐指导：根据《国家税务总局关于企业工资薪金及职工福利费扣除问题的通知》（国税函〔2009〕3 号）的规定，关于职工福利费扣除问题，《中华人民共和国企业所得税法实施条例》第四十条规定的企业职工福利费，其中便包括以下内容：

尚未实行分离办社会职能的企业，其内设福利部门所发生的设备、设施和人员费用，包括职工食堂、职工浴室、理发室、医务所、托儿所、疗养院等集体福利部门的设备、设施及维修保养费用和福利部门工作人员的工资薪金、社会保险费、住房公积金、劳务费等。

所以，职工食堂的抽油烟机发生的维修费用可以计入职工福利费，按规定进行企业所得税税前扣除。

177. 金融企业涉农贷款损失如何确认？

徐箐指导：根据《国家税务总局关于金融企业涉农贷款和中小企业贷款损失税前扣除问题的公告》（国家税务总局公告2015年第25号）的规定，金融企业涉农贷款、中小企业贷款逾期1年以上，经追索无法收回，应依据涉农贷款、中小企业贷款分类证明，按下列规定计算确认贷款损失进行税前扣除：

（1）单户贷款余额不超过300万元（含300万元）的，应依据向借款人和担保人的有关原始追索记录（包括司法追索、电话追索、信件追索和上门追索等原始记录之一，并由经办人和负责人共同签章确认），计算确认损失进行税前扣除。

（2）单户贷款余额超过300万~1000万元（含1000万元）的，应依据有关原始追索记录（应当包括司法追索记录，并由经办人和负责人共同签章确认），计算确认损失进行税前扣除。

（3）单户贷款余额超过1000万元的，仍按《国家税务总局关于发布〈企业资产损失所得税税前扣除管理办法〉的公告》（国家税务总局公告2011年第25号）有关规定计算确认损失进行税前扣除。

所以，应按照上述文件规定进行确认。

178. 企业所得税补缴以前年度税款，是否可以在企业所得税税前扣除？

徐箐指导：根据《中华人民共和国企业所得税法》（中华人民共和国主席令第63号）第十条的规定，在计算应纳税所得额时，下列支出不得扣除：①向投资者支付的股息、红利等权益性投资收益款项；②企业所得税税款……

所以，企业所得税补缴以前年度税款不可以税前扣除。

179. 民办非营利的学校取得的收入，是否可以免征企业所得税？

徐箐指导：根据《中华人民共和国企业所得税法实施条例》（中华人民共和国国务院令第512号）第八十五条的规定，企业所得税法第二十六条第（四）项所称符合条件的非营利组织的收入，不包括非营利组织从事营利性活动取得的收入，但国务院财政、税务主管部门另有规定的除外。

根据《财政部、国家税务总局关于非营利组织企业所得税免税收入问题的通知》（财税〔2009〕122号）第一条的规定，非营利组织的下列收入为免税收入：

（1）接受其他单位或者个人捐赠的收入；

（2）除《中华人民共和国企业所得税法》第七条规定的财政拨款以外的其他政府补助收入，但不包括因政府购买服务取得的收入；

（3）按照省级以上民政、财政部门规定收取的会费；

（4）不征税收入和免税收入孳生的银行存款利息收入；

（5）财政部、国家税务总局规定的其他收入。

根据《财政部、国家税务总局关于非营利组织免税资格认定管理有关问题的通知》（财税〔2014〕13号）规定取得非营利组织免税资格的，对当年度取得收入符合上述文件规定的，免征企业所得税。

180. 符合特殊性税务处理的事项，能否放弃不选择？

徐箐指导：根据《财政部、国家税务总局关于企业重组业务企业所得税处理若干问题的通知》（财税〔2009〕59号）第六条的规定，企业重组符合本通知第五条规定条件的，交易各方对其交易中的股权支付部分，可以按以下规定进行特殊性税务处理……所以，符合特殊性税务处理的事项可以放弃不选择该处理方式。

181. 融资性售后回租中的管理费用，是否可以在企业所得税税前扣除？

徐箐指导：根据《中华人民共和国企业所得税法》第八条的规定，企业实际发生的与取得收入有关的、合理的支出，包括成本、费用、税金、损失和其他支出，准予在计算应纳税所得额时扣除。根据《中华人民共和国企业所得税法实施条例》第三十条规定，企业所得税法第八条所称费用，是指企业在生产经营活动中发生的销售费用、管理费用和财务费用，已经计入成本的有关费用除外。

所以，综合上述规定，可以作为税前列支。

182. 软件企业享受企业所得税优惠备案，应提供什么资料？

徐箐指导：根据《财政部、国家税务总局、发展改革委、工业和信息化部关于软件和集成电路产业企业所得税优惠政策有关问题的通知》（财税〔2016〕49号）附件《享受企业所得税优惠政策的软件和集成电路企业备案资料明细表》的规定：①企业开发销售的主要软件产品列表或技术服务列表；②主营业务为软件产品开发的企业，提供至少1个主要产品的软件著作权或专利权等自主知识产权的有效证明文件，以及第三方检测机构提供的软件产品测试报告；主营业务仅为技术服务的企业提供核心技术说明；③企业职工人数、学历结构、研究开发人员及其占企业职工总数的比例说明，以及汇算清缴年度最后一个月社会保险缴纳证明等相关证明材料；④经具有资质的中介机构鉴证的企业财务会计报告（包括会计报表、会计报表附注和财务情况说明书）以及软件产品开发销售（营业）收入、软件产品自主开发销售（营业）收入、研究开发费用、境内研究开发费用等情况说明；⑤与主要客户签订的一至两份代表性的软件产品销售合同或技术服务合同复印件；⑥企业开发环境相关证明材料；⑦税务机关要求出具的其他材料。

所以，请提供以上资料办理备案手续。

183. 投资企业从被投资企业撤回或减少投资，所取得的资产在企业所得税上应如何处理？

徐箐指导：根据《国家税务总局关于企业所得税若干问题的公告》（国家税务总局公告 2011 年第 34 号）的规定，投资企业撤回或减少投资的税务处理。投资企业从被投资企业撤回或减少投资，其取得的资产中，相当于初始出资的部分，应确认为投资收回；相当于被投资企业累计未分配利润和累计盈余公积按减少实收资本比例计算的部分，应确认为股息所得；其余部分确认为投资资产转让所得。被投资企业发生的经营亏损，由被投资企业按规定结转弥补；投资企业不得调整减低其投资成本，也不得将其确认为投资损失。

184. 企业发放的职工食堂餐费补贴，能否在企业所得税税前扣除？

徐箐指导：根据《国家税务总局关于企业工资薪金及职工福利费扣除问题的通知》（国税函〔2009〕3 号）第三条的规定，关于职工福利费扣除问题《实施条例》第四十条规定的企业职工福利费，包括内容的第二项为：为职工卫生保健、生活、住房、交通等所发放的各项补贴和非货币性福利，包括企业向职工发放的因公外地就医费用、未实行医疗统筹企业职工医疗费用、职工供养直系亲属医疗补贴、供暖费补贴、职工防暑降温费、职工困难补贴、救济费、职工食堂经费补贴、职工交通补贴等。

所以，企业发放的职工食堂餐费补贴可以作为职工福利费按照不超过工资、薪金总额 14% 的部分，准予扣除。

185. 融资租赁业务若要适用差额征税，企业的实收资本是否必须要达到 1.7 亿元？

徐箐指导：根据《财政部、国家税务总局关于全面推开营业税改征增值税试点的通知》（财税〔2016〕36 号）附件二《营业税改征增值税试点有关事项的规定》第一条第（三）款第 5 项规定：“……（1）经人民银行、银监会或者商务部批准从事融资租赁业务的试点纳税人，提供融资租赁服务，以取得的全部价款和价外费用，扣除支付的借款利息（包括外汇借款和人民币借款利息）、发行债券利息和车辆购置税后的余额为销售额。

……

（4）经商务部授权的省级商务主管部门和国家经济技术开发区批准的从事融资租赁业务的试点纳税人，2016 年 5 月 1 日后实收资本达到 1.7 亿元的，从达到标准的当月起按照上述第（1）、（2）、（3）点规定执行；2016 年 5 月 1 日后实收资本未达到 1.7 亿元但注册资本达到 1.7 亿元的，在 2016 年 7 月 31 日前仍可按照上述第（1）、（2）、（3）点规定执行，2016 年 8 月 1 日后开展的融资租赁业务和融资性售后回租业务不得按照上述第（1）、（2）、（3）点规定执行。”

所以，只有经商务部授权的省级商务主管部门和国家经济技术开发区批准的从事融资租赁业务的纳税人才要求实收资本达到 1.7 亿元，其他纳税人不需要。

186. 母公司将下属的一家子公司划拨给另一家子公司，受让的子公司是否需要缴纳企业所得税？

徐箐指导：根据《财政部、国家税务总局关于促进企业重组有关企业所得税处理问题的通知》（财税〔2014〕109 号）的规定，关于股权、资产划转对 100% 直接控制的居民企业之间，以及受同一或相同多家居民企业 100% 直接控制的居民企业之间按账面净值划转股权或资产，凡具有合理商业目的、不以减少、免除或者推迟缴纳税款为主要目的，股权或资产划转后连续 12 个月内不改变被划转股权或资产原来实质性经营活动，且划出方企业和划入方企业均未在会计上确认损益的，可以选择按以下规定进行特殊性税务处理：

（1）划出方企业和划入方企业均不确认所得。

（2）划入方企业取得被划转股权或资产的计税基础，以被划转股权或资产的原账面净值确定。

（3）划入方企业取得的被划转资产，应按其原账面净值计算折旧扣除。

根据《国家税务总局关于资产（股权）划转企业所得税征管问题的公告》（国家税务总局公告 2015 年第 40 号）第一条的规定，《通知》第三条所称“100% 直接控制的居民企业之间，以及受同一或相同多家居民企业 100% 直接控制的居民企业之间按账面净值划转股权或资产”，所限情形第四项为：受同一或相同多家母公司 100% 直接控制的子公司之间，在母公司主导下，一家子公司向另一家子公司按账面净值划转其持有的股权或资产，划出方没有获得任何股权或非股权支付。划出方按冲减所有者权益处理，划入方按接受投资处理。

所以，符合上述文件规定的子公司之间的股权划拨，受让子公司不需要缴纳企业所得税。

187. 软件企业享受企业所得税两免三减半，享受到第四年时，不符合软件企业要求的，两免三减半优惠是立即停止还是等到期满后停止？

徐箐指导：根据《国家税务总局关于发布〈企业所得税优惠政策事项办理办法〉的公告》（国家税务总局公告 2015 年第 76 号）第九条的规定，定期减免税优惠事项备案后有效年度内，企业减免税条件发生变化的，按照以下情况处理：

（1）仍然符合优惠事项规定，但备案内容需要变更的，企业在变化之日起 15 日内，向税务机关办理变更备案手续。

（2）不再符合税法有关规定的，企业应当主动停止享受税收优惠。

因此，不再符合税法有关规定的，企业应当主动停止享受税收优惠。

188. 代扣代缴个人所得税，是否可以在企业所得税税前扣除？

徐箐指导：根据《中华人民共和国企业所得税法实施条例》（中华人民共和国国务院令第512号）第三十四条的规定，企业发生的合理的工资、薪金支出，准予扣除。这里所称工资、薪金，是指企业每一纳税年度支付给在本企业任职或者受雇的员工的所有现金形式或者非现金形式的劳动报酬，包括基本工资、奖金、津贴、补贴、年终加薪、加班工资，以及与员工任职或者受雇有关的其他支出。

根据《国家税务总局关于企业工资薪金及职工福利费扣除问题的通知》（国税函〔2009〕3号）第一条关于合理工资薪金问题的规定，《实施条例》第三十四条所称的“合理工资薪金”，是指企业按照股东大会、董事会、薪酬委员会或相关管理机构制订的工资薪金制度规定实际发放给员工的工资薪金。税务机关在对工资薪金进行合理性确认时，可按以下原则掌握：

（1）企业制定了较为规范的员工工资薪金制度；

（2）企业所制定的工资薪金制度符合行业及地区水平；

（3）企业在一定时期所发放的工资薪金是相对固定的，工资薪金的调整是有序进行的；

（4）企业对实际发放的工资薪金，已依法履行了代扣代缴个人所得税义务。

所以，公司没有依法履行代扣代缴个人所得税义务部分的工资不属于企业发生的合理的工资、薪金支出，不能税前扣除，应当补缴税款。

189. 慈善基金会将资金借贷给企业，获得的利息收入是否可以免征企业所得税？

徐箐指导：根据《财政部、国家税务总局关于非营利组织企业所得税免税收入问题的通知》（财税〔2009〕122号）第一条的规定，非营利组织的下列收入为免税收入：

（1）接受其他单位或者个人捐赠的收入；

（2）除《中华人民共和国企业所得税法》第七条规定的财政拨款以外的其他政府补助收入，但不包括因政府购买服务取得的收入；

（3）按照省级以上民政、财政部门规定收取的会费；

（4）不征税收入和免税收入孳生的银行存款利息收入；

（5）财政部、国家税务总局规定的其他收入。

所以，慈善基金会将资金借贷给企业，获得的利息收入不属于非营利组织的免税收入。

190. 中国企业为境外企业提供设计服务，扣缴的部分是否可以抵减企业所得税？

徐箐指导：根据《中华人民共和国企业所得税法》（中华人民共和国主席令第63号）第二十三条的规定，企业取得的下列所得已在境外缴纳的所得税税额，可以从其当期应纳税额中抵免，抵免限额为该项所得依照本法规定计算的应纳税额；超过抵免限额的部分，可以在以后5个年度内，用每年度抵免限额抵免当年应抵税额后的余额进行抵补：

（1）居民企业来源于中国境外的应税所得；

（2）非居民企业在中国境内设立机构、场所，取得发生在中国境外但与该机构、场所有实际联系的应税所得。

所以，符合上述条件的源泉扣缴的部分可以抵减企业所得税。

191. 高新技术企业复核不通过，是否需要补缴已经享受免税的税款？

徐箐指导：根据《科技部、财政部、国家税务总局关于修订印发〈高新技术企业认定管理办法〉的通知》（国科发火〔2016〕32 号）第十六条的规定，对已认定的高新技术企业，有关部门在日常管理过程中发现其不符合认定条件的，应提请认定机构复核。复核后确认不符合认定条件的，由认定机构取消其高新技术企业资格，并通知税务机关追缴其不符合认定条件年度起已享受的税收优惠。

所以，高新技术企业复核不通过，应追缴其不符合认定条件年度起已享受的税收优惠。

192. 企业给学校捐款取得了政府票据可以作为企业所得税税前扣除凭证吗？

徐箐指导：根据《财政部、国家税务总局、民政部关于公益性捐赠税前扣除有关问题的补充通知》（财税〔2010〕45 号）的规定，对于通过公益性社会团体发生的公益性捐赠支出，企业或个人应提供省级以上（含省级）财政部门印制并加盖接受捐赠单位印章的公益性捐赠票据，或加盖接受捐赠单位印章的《非税收入一般缴款书》收据联，方可按规定进行税前扣除。

根据《财政部、国家税务总局关于通过公益性群众团体的公益性捐赠税前扣除有关问题的通知》（财税〔2009〕124 号）的规定，公益性群众团体在接受捐赠时，应按照行政管理级次分别使用由财政部或省、自治区、直辖市财政部门印制的公益性捐赠票据或者《非税收入一般缴款书》收据联，并加盖本单位的印章；对个人索取捐赠票据的，应予以开具。

所以，根据上述文件的规定建议纳税人通过经确认的公益性社会团体或公益性群众团体捐赠，并取得省级以上（含省级）财政部门印制并加盖接受捐赠单位印章的公益性捐赠票据，或加盖接受捐赠单位印章的《非税收入一般缴款书》收据联，方可按规定进行税前扣除。

193. 企业所得税属于核定征收，现在发现企业实际利润率超过税务局核定的标准，应如何处理？

徐箐指导：根据《国家税务总局关于印发〈企业所得税核定征收办法（试行）〉的通知》（国税发〔2008〕30 号）第九条的规定，纳税人的生产经营范围、主营业务发生重大变化，或者应纳税所得额或应纳税额增减变化达到 20% 的，应及时向税务机关申报调整已确定的应纳税额或应税所得率。

所以，应纳税所得额或应纳税额增减变化达到 20% 的，应及时向税务机关申报调整已确定的应纳税额或应税所得率。

194. 提前解除员工的劳动合同所支付的补偿金，能否在企业所得税税前扣除？

徐箐指导：根据《中华人民共和国企业所得税法》（中华人民共和国主席令第 63 号）第八条的规定，企业实际发生的与取得收入有关的、合理的支出，包括成本、费用、税金、损失和其他支出，准予在计算应纳税所得额时扣除。

根据《企业会计准则第 9 号——职工薪酬》（财会〔2006〕

3 号）第二条的规定，职工薪酬，是指企业为获得职工提供的服务而给予各种形式的报酬以及其他相关支出。职工薪酬包括因解除与职工的劳动关系给予的补偿。

所以，符合上述规定的补偿款可以在企业所得税前扣除。

195. 投资方取得的股息、红利等权益性投资收益，是否属于企业所得税免税收入？

徐箐指导：根据《中华人民共和国企业所得税法》（中华人民共和国主席令第 63 号）第二十六条的规定，企业的下列收入为免税收入：

……

（二）符合条件的居民企业之间的股息、红利等权益性投资收益；

（三）在中国境内设立机构、场所的非居民企业从居民企业取得与该机构、场所有实际联系的股息、红利等权益性投资收益……

根据《中华人民共和国企业所得税法实施条例》（中华人民共和国国务院令第 512 号）第八十三条规定："企业所得税法第二十六条第（二）项所称符合条件的居民企业之间的股息、红利等权益性投资收益，是指居民企业直接投资于其他居民企业取得的投资收益。企业所得税法第二十六条第（二）项和第（三）项所称股息、红利等权益性投资收益，不包括连续持有居民企业公开发行并上市流通的股票不足 12 个月取得的投资收益。"

所以，居民企业直接投资于其他居民企业取得的投资收益，不包括连续持有居民企业公开发行并上市流通的股票不足 12 个月取得的投资收益，属于企业所得税的免税收入。

196. 境外的子公司分红给境内的母公司，分红是否可以用于弥补境内母公司当年度的亏损？

徐箐指导：根据《中华人民共和国企业所得税法》（中华人民共和国主席令第 63 号）第二十三条的规定，企业取得的下列所得已在境外缴纳的所得税税额，可以从其当期应纳税额中抵免，抵免限额为该项所得依照本法规定计算的应纳税额；超过抵免限额的部分，可以在以后五个年度内，用每年度抵免限额抵免当年应抵税额后的余额进行抵补：

（1）居民企业来源于中国境外的应税所得；

（2）非居民企业在中国境内设立机构、场所，取得发生在中国境外但与该机构、场所有实际联系的应税所得。

根据《财政部、国家税务总局关于企业境外所得税收抵免有关问题的通知》（财税〔2009〕125 号）第三条的规定，企业应就其按照实施条例第七条规定确定的中国境外所得（境外税前所得），按以下规定计算实施条例第七十八条规定的境外应纳税所得额：……（二）居民企业应就其来源于境外的股息、红利等权益性投资收益，以及利息、租金、特许权使用费、转让财产等收入，扣除按照企业所得税法及实施条例等规定计算的与取得该项收入有关的各项合理支出后的余额为应纳税所得额。

（1）根据《国家税务总局关于发布〈企业境外所得税收抵免操作指南〉的公告》（国家税务总局公告 2010 年第 1 号）的规定，如果企业境内为亏损，境外盈利分别来自多个国家，则弥补境内亏损时，企业可以自行选择弥补境内亏损的境外所得来源国家（地区）顺序。

所以，境外的子公司分红给境内的母公司，该分红可以弥补境内母公司当年的亏损。

197. 享受免征增值税的小微企业，减免的增值税额是否需要缴纳企业所得税？

徐箐指导：根据《增值税会计处理规定》（财会〔2016〕22号）第二条第十款关于小微企业免征增值税的会计处理的规定，小微企业在取得销售收入时，应当按照税法的规定计算应交增值税，并确认为应交税费，在达到增值税制度规定的免征增值税条件时，将有关应交增值税转为当期损益。

根据《财政部、国家税务总局关于财政性资金行政事业性收费政府性基金有关企业所得税政策问题的通知》（财税〔2008〕151号）的规定，财政性资金，是指企业取得的来源于政府及其有关部门的财政补助、补贴、贷款贴息，以及其他各类财政专项资金，包括直接减免的增值税和即征即退、先征后退、先征后返的各种税收，但不包括企业按规定取得的出口退税款。因此，免征的增值税应并入收入总额缴纳企业所得税。

198. 企业取得哪些收入属于财政拨款？

徐箐指导：根据《中华人民共和国企业所得税法实施条例》（中华人民共和国国务院令第512号）第二十六条的规定，企业所得税法第七条第（一）项所称财政拨款，是指各级人民政府对纳入预算管理的事业单位、社会团体等组织拨付的财政资金，但国务院和国务院财政、税务主管部门另有规定的除外。

根据《财政部、国家税务总局关于财政性资金行政事业性收费政府性基金有关企业所得税政策问题的通知》（财税〔2008〕151号）第一条关于财政性资金的规定，纳入预算管理的事业单位、社会团体等组织按照核定的预算和经费报领关系收到的由财政部门或上级单位拨入的财政补助收入，准予作为不征税收入，在计算应纳税所得额时从收入总额中减除，但国务院和国务院财政、税务主管部门另有规定的除外。

199. 合伙企业投资中小高新企业，是否可以享受企业所得税优惠?

徐箐指导：根据《财政部、国家税务总局关于将国家自主创新示范区有关税收试点政策推广到全国范围实施的通知》（财税〔2015〕116 号）的规定，自 2015 年 10 月 1 日起，全国范围内的有限合伙制创业投资企业采取股权投资方式投资于未上市的中小高新技术企业满 2 年（24 个月）的，该有限合伙制创业投资企业的法人合伙人可按照其对未上市中小高新技术企业投资额的 70% 抵扣该法人合伙人从该有限合伙制创业投资企业分得的应纳税所得额，当年不足抵扣的，可以在以后纳税年度结转抵扣。

所以，符合以上条件的合伙企业可以按投资额的 70% 抵扣该法人合伙人从该有限合伙制创业投资企业分得的应纳税所得额，当年不足抵扣的，可以在以后纳税年度结转抵扣。

200. 垃圾场产生的渗滤液运输到对应的污水处理厂，是否可以享受企业所得税三免三减半的税收优惠?

徐箐指导：根据《财政部、国家税务总局、国家发展改革委关于公布环境保护节能节水项目企业所得税优惠目录［试行］的通知》（财税〔2009〕166 号）附件《环境保护节能节水项目企业所得税优惠目录（试行）》的规定，注意城镇污水处理项目内容：

（1）根据全国城镇污水处理设施建设规划等全国性规划设立；

（2）专门从事城镇污水的收集、贮存、运输、处置以及污泥处置（含符合国家产业政策和准入条件的水泥窑协同处置）。

所以，污水的运输也符合定期减免（三免三减半）企业所得税的优惠政策的规定，可以享受该税收优惠。

201. 境外企业所得弥补完境内当年亏损后，是否可以再用以后年度境内盈利弥补？

徐箐指导：根据《国家税务总局关于发布〈企业境外所得税收抵免操作指南〉的公告》（国家税务总局公告 2010 年第 1 号）的规定，若企业境内所得为亏损，境外所得为盈利，且企业已使用同期境外盈利全部或部分弥补了境内亏损，则境内已用境外盈利弥补的亏损不得再用以后年度境内盈利重复弥补。由此，在计算境外所得抵免限额时，形成当期境内、外应纳税所得总额小于零的，应以零计算当期境内、外应纳税所得总额，其当期境外所得税的抵免限额也为零。上述境外盈利在境外已纳的可予抵免但未能抵免的税额可以在以后 5 个纳税年度内进行结转抵免。

如果企业境内为亏损，境外盈利分别来自多个国家，则弥补境内亏损时，企业可以自行选择弥补境内亏损的境外所得来源国家（地区）顺序。

所以，根据文件规定，若企业境内所得为亏损，境外所得为盈利，且企业已使用同期境外盈利全部或部分弥补了境内亏损，则境内已用境外盈利弥补的亏损不得再用以后年度境内盈利重复弥补。

202. 企业以前年度免税业务发生的亏损，政策性拆迁补偿收入结余是否可以互抵免税亏损额？

徐箐指导：根据《国家税务总局关于发布〈企业政策性搬

迁所得税管理办法〉的公告》（国家税务总局公告2012年第40号）第十五条的规定，企业在搬迁期间发生的搬迁收入和搬迁支出，可以暂不计入当期应纳税所得额，而在完成搬迁的年度，对搬迁收入和支出进行汇总清算。第十六条规定，企业的搬迁收入，扣除搬迁支出后的余额，为企业的搬迁所得。企业应在搬迁完成年度，将搬迁所得计入当年度企业应纳税所得额计算纳税。

所以，搬迁所得可以计入当年度企业应纳税所得额计算纳税。但是，免税项目亏损不能与应税项目所得互抵。

203. 总公司将下属全资子公司变更为分公司，是否可以直接变更税务登记？

徐箐指导：根据《财政部、国家税务总局关于企业重组业务企业所得税处理若干问题的通知》（财税〔2009〕59号）第一条的规定，本通知所称企业重组，是指企业在日常经营活动以外发生的法律结构或经济结构重大改变的交易，包括企业法律形式改变、债务重组、股权收购、资产收购、合并、分立等。企业法律形式改变，是指企业注册名称、住所以及企业组织形式等的简单改变，但符合本通知规定其他重组的类型除外。

通知第四条规定了企业重组，除符合本通知规定适用特殊性税务处理规定的以外，按所列规定进行税务处理。其中第一项便规定：企业由法人转变为个人独资企业、合伙企业等非法人组织，或将登记注册地转移至中华人民共和国境外（包括港澳台地区），应视同企业进行清算、分配，股东重新投资成立新企业。企业的全部资产以及股东投资的计税基础均应以公允价值为基础确定。

企业发生其他法律形式简单改变的，可直接变更税务登记，除另有规定外，有关企业所得税纳税事项（包括亏损结转、税收优惠等权益和义务）由变更后企业承继，但因住所发生变化而不符合税收优惠条件的除外。

因此，总公司将下属全资子公司变更为分公司，属于将法人变更为非法人组织，应视同企业进行清算、分配，股东重新投资成立新企业。企业的全部资产以及股东投资的计税基础均应以公允价值为基础确定。

204. 企业承兑汇票的贴现利息，能否在企业所得税税前扣除？

徐箐指导：根据《中华人民共和国企业所得税法》（中华人民共和国主席令第63号）第八条的规定，企业实际发生的与取得收入有关的、合理的支出，包括成本、费用、税金、损失和其他支出，准予在计算应纳税所得额时扣除。

所以，企业发生的贴现利息如果符合第八条规定就可以在计算企业所得税应纳税所得额时扣除。

205. 企业外请专家进行员工培训，其专家费用是否可以作为差旅费在企业所得税税前扣除？

徐箐指导：根据《中华人民共和国企业所得税法》（中华人民共和国主席令第63号）第八条的规定，企业实际发生的与取得收入有关的、合理的支出，包括成本、费用、税金、损失和其他支出，准予在计算应纳税所得额时扣除。

另外，根据《国家税务总局关于进一步加强普通发票管理工作的通知》（国税发〔2008〕80号）第八条第二款的规定，在日常检查中发现纳税人使用不符合规定发票特别是没有填开付款方全称的发票，不得允许纳税人用于税前扣除、抵扣税款、出口退税和财务报销。

所以，纳税人如果在合同中有明确约定，并且可以取得企业抬头的发票则可以按照企业所得税的规定进行税前扣除。

206. A公司与B公司联合开发房产，获得赔偿的房款是否需要申报缴纳企业所得税？

徐箐指导：根据《中华人民共和国企业所得税法》（中华人民共和国主席令第63号）第六条规定："企业以货币形式和非货币形式从各种来源取得的收入，为收入总额。包括：……（三）转让财产收入"。

根据《中华人民共和国企业所得税法实施条例》（中华人民共和国国务院令第512号）第十六条规定："企业所得税法第六条第（三）项所称转让财产收入，是指企业转让固定资产、生物资产、无形资产、股权、债权等财产取得的收入。"

所以，A公司与B公司共有一块土地并开发了房产，享有房产的所有权，B公司出售房产相当于A公司转让固定资产，则A公司需要按照所得税法确认转让财产的收入申报缴纳企业所得税。

207. 银行处置不良资产发生的资产损失，是否可以在企业所得税税前扣除？

徐箐指导：根据《国家税务总局关于发布〈企业资产损失所得税税前扣除管理办法〉的公告》（国家税务总局公告2011年第25号）的规定，第三条 准予在企业所得税税前扣除的资产损失，是指企业在实际处置、转让上述资产过程中发生的合理损失（以下简称“实际资产损失”），以及企业虽未实际处置、转让上述资产，但符合《通知》和本办法规定条件计算确认的损失（以下简称“法定资产损失”）。

第九条　下列资产损失，应以清单申报的方式向税务机关申报扣除：

（一）企业在正常经营管理活动中，按照公允价格销售、转让、变卖非货币资产的损失；

（二）企业各项存货发生的正常损耗；

（三）企业固定资产达到或超过使用年限而正常报废清理的损失；

（四）企业生产性生物资产达到或超过使用年限而正常死亡发生的资产损失；

（五）企业按照市场公平交易原则，通过各种交易场所、市场等买卖债券、股票、期货、基金以及金融衍生产品等发生的损失。

第十条　前条以外的资产损失，应以专项申报的方式向税务机关申报扣除。企业无法准确判别是否属于清单申报扣除的资产损失，可以采取专项申报的形式申报扣除。

第二十三条　企业逾期三年以上的应收款项在会计上已作为损失处理的，可以作为坏账损失，但应说明情况，并出具专项报告。

第二十四条　企业逾期一年以上，单笔数额不超过五万元或者不超过企业年度收入总额万分之一的应收款项，会计上已经作为损失处理的，可以作为坏账损失，但应说明情况，并出具专项报告。

因此，银行处置不良资产发生的资产损失，可以在企业所得税税前扣除，需要进行专项申报。

208. 增值税一般纳税人停产前的无形资产，其摊销费用是否还可以继续在企业所得税税前扣除？

徐箐指导：根据《中华人民共和国企业所得税法》（中华人民共和国主席令第63号）第十二条第二款的规定，下列无形资产不得计算摊销费用扣除：

（1）自行开发的支出已在计算应纳税所得额时扣除的无形资产；

（2）自创商誉；

（3）与经营活动无关的无形资产；

（4）其他不得计算摊销费用扣除的无形资产。

所以，不属于上述规定的无形资产可以按规定摊销并税前扣除。

209. 企业取得国外参展补贴，是否属于不征税收入？

徐箐指导：根据《中华人民共和国企业所得税法》（中华人民共和国主席令第63号）第七条规定："收入总额中的下列收入为不征税收入：

（一）财政拨款；

（二）依法收取并纳入财政管理的行政事业性收费、政府性基金；

（三）国务院规定的其他不征税收入。"

根据《中华人民共和国企业所得税法实施条例》（中华人民共和国国务院令第512号）第二十六条规定："企业所得税法第七条第（一）项所称财政拨款，是指各级人民政府对纳入预算管理的事业单位、社会团体等组织拨付的财政资金，但国务院和国务院财政、税务主管部门另有规定的除外。

企业所得税法第七条第（二）项所称行政事业性收费，是指依照法律法规等有关规定，按照国务院规定程序批准，在实施社会公共管理，以及在向公民、法人或者其他组织提供特定公共服务过程中，向特定对象收取并纳入财政管理的费用。

企业所得税法第七条第（二）项所称政府性基金，是指企业依照法律、行政法规等有关规定，代政府收取的具有专项用途的财政资金。

企业所得税法第七条第（三）项所称国务院规定的其他不征税收入，是指企业取得的，由国务院财政、税务主管部门规定专项用途并经国务院批准的财政性资金。"

根据《财政部、国家税务总局关于专项用途财政性资金企业所得税处理问题的通知》（财税〔2011〕70 号）第一条规定："企业从县级以上各级人民政府财政部门及其他部门取得的应计入收入总额的财政性资金，凡同时符合以下条件的，可以作为不征税收入，在计算应纳税所得额时从收入总额中减除：

（一）企业能够提供规定资金专项用途的资金拨付文件；

（二）财政部门或其他拨付资金的政府部门对该资金有专门的资金管理办法或具体管理要求；

（三）企业对该资金以及以该资金发生的支出单独进行核算。"

因此，国外参展补贴符合以上规定的才属于不征税收入。

210. 企业法人的亲属 A 是乙企业的股东，两家企业是否构成关联企业？

徐箐指导：一、根据《中华人民共和国企业所得税法实施条例》（中华人民共和国国务院令第512号）第一百零九的规定，企业所得税法第四十一条所称关联方，是指与企业有下列关联关系之一的企业、其他组织或者个人：

（1）在资金、经营、购销等方面存在直接或者间接的控制关系；

（2）直接或者间接地同为第三者控制；

（3）在利益上具有相关联的其他关系。

根据《国家税务总局关于完善关联申报和同期资料管理有关事项的公告》（国家税务总局公告2016年第42号）第二条规定，“企业与其他企业、组织或者个人具有下列关系之一的，构成本公告所称关联关系：……具有夫妻、直系血亲、兄弟姐妹以及其他抚养、赡养关系的两个自然人分别与双方具有本条第（一）至（五）项关系之一。”

所以，若符合上述文件规定则可构成关联企业。

211. 香港企业在境内未设有常设机构，但在境内有营业利润，是否需要代扣代缴企业所得税？

徐箐指导：根据《国家税务总局关于印发内地和香港避免双重征税安排文本并请做好执行准备的通知》（国税函〔2006〕884号）第七条的规定，一方企业的利润应仅在该一方征税，但该企业通过设在另一方的常设机构在该另一方进行营业的除外。如果该企业通过设在该另一方的常设机构在该另一方进行营业，其利润可以在该另一方征税，但应仅以属于该常设机构的利润为限。

所以，香港企业在境内未设有常设机构，在境内有营业利润时不需要代扣代缴企业所得税。

212. 居民企业委托境外会计师事务所调查境外另一家公司的情况，是否需要代扣代缴企业所得税？

徐箐指导：根据《中华人民共和国企业所得税法实施条例》（中华人民共和国国务院令第512号）第七条规定："企业所得税法第三条所称来源于中国境内、境外的所得，按照以下原则确定：

（一）销售货物所得，按照交易活动发生地确定；

（二）提供劳务所得，按照劳务发生地确定；……"

另根据《国家税务总局关于印发〈非居民企业所得税核定征收管理办法〉的通知》（国税发〔2010〕19号）的规定，非居民企业为中国境内客户提供劳务取得的收入，凡其提供的服务全部发生在中国境内的，应全额在中国境内申报缴纳企业所得税。凡其提供的服务同时发生在中国境内外的，应以劳务发生地为原则划分其境内外收入，并就其在中国境内取得的劳务收入申报缴纳企业所得税。

所以，如果该劳务全部发生在境外，则不需要代扣代缴企业所得税，如果同时发生在中国境内外，应合理划分境内外收入，并对非居民来源于境内的收入代扣代缴企业所得税。

213. 境内的企业在境外通过融资租赁方式租用了设备在境外使用，支付给境外企业的租金需要代扣代缴企业所得税吗？

徐箐指导：根据《中华人民共和国企业所得税法实施条例》（中华人民共和国国务院令第512号）第七条的规定，企业所得税法第三条所称来源于中国境内、境外的所得，按照以下原则确定：利息所得、租金所得、特许权使用费所得，按照负担、支付所得的企业或者机构、场所所在地确定，或者按照负担、支付所得的个人的住所地确定……

根据《国家税务总局关于印发〈非居民企业所得税源泉扣缴管理暂行办法〉的通知》（国税发〔2009〕3号）第三条的规定，对非居民企业取得来源于中国境内的股息、红利等权益性投资收益和利息、租金、特许权使用费所得、转让财产所得以及其他所得应当缴纳的企业所得税，实行源泉扣缴，以依照有关法律规定或者合同约定对非居民企业直接负有支付相关款项义务的单位或者个人为扣缴义务人。

所以，境内的企业在境外通过融资租赁方式租用了机器在境外使用，支付给境外企业的租金需要代扣代缴企业所得税。

214. 香港的运输公司为境内企业提供境外航运服务，由境内的码头运至越南，境内企业需要代扣代缴企业所得税吗?

徐箐指导：根据《内地和香港特别行政区关于对所得避免双重征税和防止偷漏税的安排》第八条的规定，一方企业在另一方以船舶、飞机或陆运车辆经营海运、空运和陆运运输所取得的收入和利润，该另一方应予免税（在内地包括营业税）。

所以，香港的运输公司为境内企业提供境外航运服务在境内可以享受免税优惠，不需要代扣代缴企业所得税。

215. 非居民企业股东在境外将其在境内公司股权进行转让，该行为是否需要缴纳企业所得税?

徐箐指导：根据《国家税务总局关于印发〈非居民企业所得税源泉扣缴管理暂行办法〉的通知》（国税发〔2009〕3号）规定：

“第三条　对非居民企业取得来源于中国境内的股息、红利等权益性投资收益和利息、租金、特许权使用费所得、转让财产所得以及其他所得应当缴纳的企业所得税，实行源泉扣缴，以依照有关法律规定或者合同约定对非居民企业直接负有支付相关款项义务的单位或者个人为扣缴义务人。

……

第十五条　扣缴义务人未依法扣缴或者无法履行扣缴义务的，非居民企业应于扣缴义务人支付或者到期应支付之日起 7 日内，到所得发生地主管税务机关申报缴纳企业所得税。

股权转让交易双方为非居民企业且在境外交易的，由取得所得的非居民企业自行或委托代理人向被转让股权的境内企业所在地主管税务机关申报纳税。被转让股权的境内企业应协助税务机关向非居民企业征缴税款。”

所以，该行为需要缴纳企业所得税，由取得所得的非居民企业自行或委托代理人向被转让股权的境内企业所在地主管税务机关申报纳税。

216.（自然人）与某公司（企业法人）合伙注册成立一合伙企业，合伙企业是缴纳企业所得税还是缴纳个人所得税?

徐箐指导：根据《财政部、国家税务总局关于合伙企业合伙人所得税问题的通知》（财税〔2008〕159 号）第二条规定：“合伙企业以每一个合伙人为纳税义务人。合伙企业合伙人是自然人的，缴纳个人所得税；合伙人是法人和其他组织的，缴纳企业所得税。”第三条还规定：“合伙企业生产经营所得和其他所得采取‘先分后税’的原则。”

所以，企业应根据每一个合伙人的性质决定是缴纳企业所得税还是缴纳个人所得税。

217. 分期收款方式销售货物的，企业所得税上何时确认收入？

徐箐指导：根据《中华人民共和国企业所得税法实施条例》（中华人民共和国国务院令第 512 号）第二十三条第（一）款的规定，以分期收款方式销售货物的，按照合同约定的收款日期确认收入的实现。

218. 销售商品采用托收承付方式的，企业所得税上何时确认收入？

徐箐指导：根据《国家税务总局关于确认企业所得税收入若干问题的通知》（国税函〔2008〕875 号）第一条的规定："除企业所得税法及实施条例另有规定外，企业销售收入的确认，必须遵循权责发生制原则和实质重于形式原则。

……

（二）符合上款收入确认条件，采取下列商品销售方式的，应按以下规定确认收入实现时间：

销售商品采用托收承付方式的，在办妥托收手续时确认收入。"

所以，销售商品采用托收承付方式的，在办妥托收手续时确认企业所得税收入。

219. 会计处理上未加速折旧，是否影响企业享受加速折旧税收优惠政策？

徐箐指导：根据《国家税务总局关于企业所得税应纳税所得额若干问题的公告》（国家税务总局公告 2014 年第 29 号）的规定，企业按税法规定实行加速折旧的，其按加速折旧办法计算的折旧额可全额在税前扣除。因此，企业会计处理上是否采取加速折旧方法，不影响企业享受加速折旧税收优惠政策，企业在享受加速折旧税收优惠政策时，不需要会计上也同时采取与税收上相同的折旧方法。

220. 用生产设备投资另一公司，是否需要确认所得申报缴纳企业所得税?

徐箐指导：根据《财政部、国家税务总局关于非货币性资产投资企业所得税政策问题的通知》（财税〔2014〕116 号）第二条的规定，企业以非货币性资产对外投资，应对非货币性资产进行评估并按评估后的公允价值扣除计税基础后的余额，计算确认非货币性资产转让所得。企业以非货币性资产对外投资，应于投资协议生效并办理股权登记手续时，确认非货币性资产转让收入的实现。同时文件第一条规定，居民企业以非货币性资产对外投资确认的非货币性资产转让所得，可在不超过 5 年期限内，分期均匀计入相应年度的应纳税所得额，按规定计算缴纳企业所得税。

所以，企业用生产设备进行对外投资需要按照上述规定确认所得。

221. 长期从事对农户的小额贷款业务，企业所得税方面是否有优惠政策?

徐箐指导：根据《财政部、国家税务总局关于延续并完善支持农村金融发展有关税收政策的通知》（财税〔2014〕102 号）第二条的规定，自 2014 年 1 月 1 日至 2016 年 12 月 31 日，对金融机构农户小额贷款的利息收入，在计算应纳税所得额时，按 90% 计入收入总额。同时需注意该文件第四条规定，所称农户，是指长期（一年以上）居住在乡镇（不包括城关镇）行政管理区域内的住户，还包括长期居住在城关镇所辖行政村范围内的住户和户口不在本地而在本地居住一年以上的住户，国有农场的职工和农村个体工商户。位于乡镇（不包括城关镇）行政管理区域内和在城关镇所辖行政村范围内的国有经济的机关、团体、学校、企事业单位的集体户；有本地户口，但举家外出谋生一年以上的住户，无论是否保留承包耕地均不属于农户。本通知所称小额贷款，是指单笔且该户贷款余额总额在10万元（含）以下贷款。第五条规定，金融机构应对符合条件的农户小额贷款利息收入进行单独核算，不能单独核算的不得适用通知规定的优惠政策。

所以，企业如果符合上述条件，可以享受企业所得税减计收入的优惠政策。

222. 安装费如何确认收入？

徐箐指导：根据《国家税务总局关于确认企业所得税收入若干问题的通知》（国税函〔2008〕875号）第二条的规定，安装费应根据安装完工进度确认收入。安装工作是商品销售附带条件的，安装费在确认商品销售实现时确认收入。

223. 特许权使用费收入如何确认？

徐箐指导：根据《中华人民共和国企业所得税法实施条例》（中华人民共和国国务院令第512号）第二十条的规定，特许权使用费收入，按照合同约定的特许权使用人应付特许权使用费的日期确认收入的实现。

224. 企业车辆因违章缴纳罚款，取得的发票是否可以在企业所得税税前扣除？

徐箐指导：根据《中华人民共和国企业所得税法》（中华人

民共和国主席令第 63 号）第十条的规定，在计算应纳税所得额时，下列支出不得扣除：①向投资者支付的股息、红利等权益性投资收益款项。②企业所得税税款。③税收滞纳金。④罚金、罚款和被没收财物的损失。⑤本法第九条规定以外的捐赠支出。⑥赞助支出。⑦未经核定的准备金支出。⑧与取得收入无关的其他支出。

所以，企业车辆因违章缴纳罚款不允许税前扣除。

225. 员工离职补偿金，是否可以计入工资、薪金并作为计算职工福利费的基数？

徐箐指导：根据《企业所得税法实施条例》（国务院令第 512 号）的规定，企业发生的合理的工资、薪金支出准予据实扣除。前款所称工资、薪金，是企业每一纳税年度支付给本企业任职或与其有雇用关系的员工的所有现金或非现金形式的劳动报酬，包括基本工资、奖金、津贴、补贴、年终加薪、加班工资，以及与任职或者是受雇有关的其他支出。企业发生的职工福利费支出，不超过工资、薪金总额 14% 的部分，准予扣除。

所以，企业支付给离职人员的离职补偿金不可以作为工资、薪金支出在企业所得税税前扣除，并且不得作为计算职工福利费等的基数。

226. 企业购进设备未及时享受加速折旧政策，是否可以在 4 季度申报时一次性享受？

徐箐指导：根据《国家税务总局关于进一步完善固定资产加速折旧企业所得税政策有关问题的公告》（国家税务总局公告 2015 年第 68 号）第七条的规定，本公告适用于 2015 年及以后纳税年度。企业 2015 年前 3 季度按本公告规定未能享受加速折旧优惠的，可将前 3 季度应享受的加速折旧部分，在 2015 年第 4 季度企业所得税预缴申报时享受，或者在 2015 年度企业所得税汇算清缴时统一享受。

所以，企业可以在 2017 年第 4 季度企业所得税预缴申报时享受加速折旧政策，或者在 2017 年度企业所得税汇算清缴时统一享受加速折旧政策。

227. 企业申请研发费用加计扣除，是否需要单独设置研发费用专账?

徐箐指导：根据《财政部、国家税务总局、科技部关于完善研究开发费用税前加计扣除政策的通知》（财税〔2015〕119 号）的规定，企业应对享受加计扣除的研发费用按研发项目设置辅助账，准确归集核算当年可加计扣除的各项研发费用实际发生额。企业在一个纳税年度内进行多项研发活动的，应按照不同研发项目分别归集可加计扣除的研发费用。对研发费用和生产经营费用分别核算，准确、合理归集各项费用支出，对划分不清的，不得实行加计扣除。

所以，企业申请研发费用加计扣除需要单独设置研发费用专账。

228. 企业发生的与研发活动有关的差旅费、会议费可享受加计扣除政策吗?

徐箐指导：根据《财政部、国家税务总局、科技部关于完善研究开发费用税前加计扣除政策的通知》（财税〔2015〕119 号）第一条的规定，其他相关费用是指与研发活动直接相关的其他费用，如技术图书资料费、资料翻译费、专家咨询费、高新科技研发保险费，研发成果的检索、分析、评议、论证、鉴定、评审、评估、验收费用，知识产权的申请费、注册费、代理费，差旅费、会议费等。此项费用总额不得超过可加计扣除研发费用总额的 10%。

所以，企业发生的与研发活动有关的差旅费、会议费在规定限额内是可以享受加计扣除政策的。

229. 由于固定资产残值率变更，调整的以前年度的折旧应该在哪个年度进行企业所得税税前扣除？

徐箐指导：根据《中华人民共和国企业所得税法实施条例》（中华人民共和国国务院令第 512 号）第五十九条的规定，企业应当根据固定资产的性质和使用情况，合理确定固定资产的预计净残值。固定资产的预计净残值一经确定，不得变更。

按照《国家税务总局关于企业所得税若干税务事项衔接问题的通知》（国税函〔2009〕98 号）第一条的规定，企业已按原税法规定预计净残值并计提的折旧，不做调整。新税法实施后，对此类继续使用的固定资产，可以重新确定其残值，并就其尚未计提折旧的余额，按照新税法规定的折旧年限减去已经计提折旧的年限后的剩余年限，按照新税法规定的折旧方法计算折旧。新税法实施后，固定资产原确定的折旧年限不违背新税法规定原则的，也可以继续执行。

230. 高新技术企业，在企业所得税税前扣除职工教育经费的比例与其他单位是否有区别？

徐箐指导：根据《财政部、国家税务总局关于高新技术企业职工教育经费税前扣除政策的通知》（财税〔2015〕63号）的规定，自2015年1月1日起，高新技术企业发生的职工教育经费支出，不超过工资薪金总额8%的部分，准予在计算企业所得税应纳税所得额时扣除；超过部分，准予在以后纳税年度结转扣除。

所以，高新技术企业在企业所得税前扣除职工教育经费的比例与一般单位有区别。

231. 扩大小型微利企业所得税优惠政策的优惠范围与执行时间是什么？

徐箐指导：根据《财政部、国家税务总局关于进一步扩大小型微利企业所得税优惠政策范围的通知》（财税〔2015〕99号）第一条的规定，自2015年10月1日起至2017年12月31日，对年应纳税所得额在20万～30万元（含30万元）之间的小型微利企业，其所得减按50%计入应纳税所得额，按20%的税率缴纳企业所得税。

232. 企业享受免税资格的非营利组织，是否每年都要提出复审申请？

徐箐指导：根据《财政部、国家税务总局关于非营利组织免税资格认定管理有关问题的通知》（财税〔2014〕13号）第四条的规定，非营利组织免税优惠资格的有效期为5年。非营利组织应在期满前3个月内提出复审申请，不提出复审申请或复审不合格的，其享受免税优惠的资格到期自动失效。

所以，企业只需在免税资格有效期届满前3个月内提出，不需每年都提出复审申请。

233. 企业获得高新技术企业资格后应该在什么时间起申报享受税收优惠政策？

徐箐指导：根据《国家税务总局关于实施高新技术企业所得税优惠政策有关问题的公告》（国家税务总局公告 2017 年第 24 号）第一条的规定，企业获得高新技术企业资格后，自高新技术企业证书注明的发证时间所在年度起申报享受税收优惠，并按规定向主管税务机关办理备案手续。

企业的高新技术企业资格期满当年，在通过重新认定前，其企业所得税暂按 15% 的税率预缴，在年底前仍未取得高新技术企业资格的，应按规定补缴相应期间的税款。

234. 超市货架商品发生损失，如何申报企业所得税税前扣除？

徐箐指导：根据《国家税务总局关于商业零售企业存货损失税前扣除问题的公告》（国家税务总局公告 2014 年第 3 号）第一条的规定，商业零售企业存货因零星失窃、报废、废弃、过期、破损、腐败、鼠咬、顾客退换货等正常因素形成的损失，为存货正常损失，准予按会计科目进行归类、汇总，然后再将汇总数据以清单的形式进行企业所得税纳税申报，同时出具损失情况分析报告。第三条规定，存货单笔（单项）损失超过 500 万元的，无论何种因素形成的，均应以专项申报方式进行企业所得税纳税申报。

所以，其业务可按上述规定申报税前扣除。

235. 股权转让收入如何确认？

徐箐指导：根据《国家税务总局关于贯彻落实企业所得税法

若干税收问题的通知》（国税函〔2010〕79号）第三条关于股权转让所得确认和计算问题规定，企业转让股权收入，应于转让协议生效、且完成股权变更手续时，确认收入的实现。转让股权收入扣除为取得该股权所发生的成本后，为股权转让所得。企业在计算股权转让所得时，不得扣除被投资企业未分配利润等股东留存收益中按该项股权所可能分配的金额。

236. 全资设立的境内子公司当年亏损，按权益法核算计入投资损失，能否在企业所得税税前扣除？

徐箐指导：根据《财政部、国家税务总局关于企业资产损失税前扣除政策的通知》（财税〔2009〕57号）第六条的规定，企业的股权投资符合下列条件之一的，减除可收回金额后确认的无法收回的股权投资，可以作为股权投资损失在计算应纳税所得额时扣除：

（1）被投资方依法宣告破产、关闭、解散、被撤销，或者被依法注销、吊销营业执照的；

（2）被投资方财务状况严重恶化，累计发生巨额亏损，已连续停止经营3年以上，且无重新恢复经营改组计划的；

（3）对被投资方不具有控制权，投资期限届满或者投资期限已超过10年，且被投资单位因连续3年经营亏损导致资不抵债的；

（4）被投资方财务状况严重恶化，累计发生巨额亏损，已完成清算或清算期超过3年以上的；

（5）国务院财政、税务主管部门规定的其他条件。

所以，企业由于子公司亏损、母公司按权益法核算产生的投资损失不符合上述条件，不得在税前扣除。对于股权投资如果符合上述条件，投资损失能税前扣除。

237. 企业重组业务，适用特殊性税务处理如何进行纳税申报？

徐箐指导：根据《国家税务总局关于企业重组业务企业所得税征收管理若干问题的公告》（国家税务总局公告 2015 年第 48 号）第六条的规定，企业重组业务适用特殊性税务处理的，除财税〔2009〕59 号文件第四条第（一）项所称企业发生其他法律形式简单改变情形外，重组各方应在该重组业务完成当年，办理企业所得税年度申报时，分别向各自主管税务机关报送《企业重组所得税特殊性税务处理报告表及附表》和申报资料。合并、分立中重组一方涉及注销的，应在尚未办理注销税务登记手续前进行申报。申报时，当事各方还应向主管税务机关提交重组前连续 12 个月内有无与该重组相关的其他股权、资产交易情况的说明，并说明这些交易与该重组是否构成分步交易，是否作为一项企业重组业务进行处理。

238. 支付的赔偿金，是否可以在企业所得税税前扣除？

徐箐指导：根据《中华人民共和国企业所得税法》第八条的规定，企业实际发生的与取得收入有关的、合理的支出，包括成本、费用、税金损失和其他支出，准予在计算应纳税所得额时扣除。

所以，赔偿金的支出如果是与企业生产经营有关的，可以在企业所得税税前扣除。法院判决企业支付赔偿金，因没有发生应税行为，所以无法开具发票，企业可凭法院的判决文书与收款方开具的收据作为扣除凭据。

239. 收到《受控外国企业信息报告表》，是否需要申报纳税？

徐箐指导：根据《国家税务总局关于居民企业报告境外投资和所得信息有关问题的公告》（国家税务总局公告 2014 年第 38 号）第二条第一款的规定，有适用《企业所得税法》第四十五条情形或者需要适用《特别纳税调整实施办法（试行）》（国税发〔2009〕2 号文件）第八十四条规定的居民企业填报《受控外国企业信息报告表》。《企业所得税法》第四十五条规定，由居民企业或者由居民企业和中国居民控制的设立在实际税负明显低于本法第四条第一款规定税率水平的国家（地区）的企业，并非由于合理的经营需要而对利润不作分配或者减少分配的，上述利润中应归属于该居民企业的部分，应当计入该居民企业的当前收入。《特别纳税调整实施办法（试行）》（国税发〔2009〕2 号文件印发）第八十四条规定，中国居民企业股东能够提供资料证明其控制的外国企业满足以下条件之一的，可免于将外国企业不作分配或减少分配的利润视同股息分配额，计入中国居民企业股东的当前所得：①设立在国家税务总局指定的非低税率国家（地区）；②主要取得积极经营活动所得；③年度利润总额低于 500 万元人民币。

所以，企业如果符合上述条件，即需填报该张报表。

240. 核定征收企业所得税的企业，能否享受小型微利企业税收优惠？

徐箐指导：根据《国家税务总局关于贯彻落实扩大小型微利企业减半征收企业所得税范围有关问题的公告》（国家税务总局公告 2015 年第 17 号）第一条的规定，符合规定条件的小型微利企业，无论采取查账征收还是核定征收方式，均可享受小型微利企业所得税优惠政策。

所以，公司如果是符合规定条件的小型微利企业，无论采取查账征收还是核定征收方式，均可享受小型微利企业所得税优惠政策。

241. 商业银行贷款无法追回，应该如何处理？

徐箐指导：根据《国家税务总局关于金融企业涉农贷款和中小企业贷款损失税前扣除问题的公告》（国家税务总局公告 2015 年第 25 号）第一条的规定，金融企业涉农贷款、中小企业贷款逾期 1 年以上，经追索无法收回，应依据涉农贷款、中小企业贷款分类证明，按下列规定计算确认贷款损失进行税前扣除：①单户贷款余额不超过 300 万元（含 300 万元）的，应依据向借款人和担保人的有关原始追索记录（包括司法追索、电话追索、信件追索和上门追索等原始记录之一，并由经办人和负责人共同签章确认），计算确认损失进行税前扣除。②单户贷款余额超过 300 万~1000 万元（含 1000 万元）的，应依据有关原始追索记录（应当包括司法追索记录，并由经办人和负责人共同签章确认），计算确认损失进行税前扣除。③单户贷款余额超过 1000 万元的，仍按《国家税务总局关于发布〈企业资产损失所得税税前扣除管理办法〉的公告》（国家税务总局公告 2011 年第 25 号）有关规定计算确认损失进行税前扣除。

所以，企业可以将逾期 1 年以上，经追索无法收回的中小企业贷款，按照上述规定进行税前扣除。

242. 享受固定资产加速折旧政策，是否包括房屋建筑物？

徐箐指导：根据《财政部、国家税务总局关于完善固定资产加速折旧企业所得税政策的通知》（财税〔2014〕75号）的规定，对生物药品制造业，专用设备制造业，铁路、船舶、航空航天和其他运输设备制造业，计算机、通信和其他电子设备制造业，仪器仪表制造业，信息传输、软件和信息技术服务业等6个行业的企业，2014年1月1日后新购进的固定资产，可以缩短折旧年限或采取加速折旧的方法。

《中华人民共和国企业所得税法实施条例》第五十七条规定，企业所得税法第十一条所称固定资产，是指企业为生产产品、提供劳务、出租或者经营管理而持有的、使用时间超过12个月的非货币性资产，包括房屋、建筑物、机器、机械、运输工具以及其他与生产经营活动有关的设备、器具、工具等。因此，根据上述规定，六大行业可以享受固定资产加速折旧政策，包括房屋建筑物。

243. 集成电路关键专用材料生产企业，是否可以享受企业所得税的优惠政策？

徐箐指导：根据《财政部、国家税务总局、发展改革委、工业和信息化部关于进一步鼓励集成电路产业发展企业所得税政策的通知》（财税〔2015〕6号）第一条的规定，自2014年1月1日起符合条件的集成电路封装、测试企业以及集成电路关键专用材料生产企业、集成电路专用设备生产企业，在2017年（含2017年）前实现获利的，自获利年度起，第一年至第二年免征企业所得税，第三年至第五年按照25%的法定税率减半征收企业所得税，并享受至期满为止；2017年前未实现获利的，自2017年起计算优惠期，享受至期满为止。

所以，如果符合上述条件，就可以享受企业所得税的优惠政策。

244. 小型微利企业，如何计算企业资产总额、从业人数等相关指标？

徐箐指导：根据《财政部、国家税务总局关于小型微利企业所得税优惠政策的通知》（财税〔2015〕34 号）的规定，从业人数，包括与企业建立劳动关系的职工人数和企业接受的劳务派遣用工人数。从业人数和资产总额指标，应按企业全年的季度平均值确定。具体计算公式如下：季度平均值 =（季初值 + 季末值）÷2；全年季度平均值 = 全年各季度平均值之和 ÷4；年度中间开业或者终止经营活动的，以其实际经营期作为一个纳税年度确定上述相关指标。

245. 金融企业提取的国债投资损失准备金，是否准予在企业所得税税前扣除？

徐箐指导：根据《财政部、国家税务总局关于金融企业贷款损失准备金企业所得税税前扣除有关政策的通知》（财税〔2015〕9 号）第三条的规定，金融企业的委托贷款、代理贷款、国债投资、应收股利、上交央行准备金以及金融企业剥离的债权和股权、应收财政贴息、央行款项等不承担风险和损失的资产，不得提取贷款损失准备金在税前扣除。

所以，提取的国债投资损失准备金不能在企业所得税税前予以扣除。

246. 软件生产企业，向境外关联方支付软件的特许权使用费，该费用能否在企业所得税税前扣除？

徐箐指导：根据《国家税务总局关于企业向境外关联方支付费用有关企业所得税问题的公告》（国家税务总局公告 2015 年第

16 号）第五条的规定，企业使用境外关联方提供的无形资产需支付特许权使用费的，应当考虑关联各方对该无形资产价值创造的贡献程度，确定各自应当享有的经济利益。企业向仅拥有无形资产法律所有权而未对其价值创造做出贡献的关联方支付特许权使用费，不符合独立交易原则的，在计算企业应纳税所得额时不得扣除。

所以，应根据上述情况，确定软件的特许权使用费能否在计算企业所得税前扣除。

247. 非营利组织，免税优惠资格有效期到期前应该办理什么手续？

徐箐指导：根据《财政部、国家税务总局关于非营利组织免税资格认定管理有关问题的通知》（财税〔2014〕13 号）的规定，非营利组织免税优惠资格的有效期为 5 年。非营利组织应在期满前三个月内提出复审申请，不提出复审申请或复审不合格的，其享受免税优惠的资格到期自动失效。

所以，应在期满前三个月内提出复审申请，不提出复审申请或复审不合格的，其享受免税优惠的资格到期自动失效。

248. 享受了小型微利企业的税收优惠政策，是否需要到税务机关办理备案手续？

徐箐指导：根据《国家税务总局关于 3 项企业所得税事项取消审批后加强后续管理的公告》（国家税务总局公告 2015 年第 6 号）第一条的规定，实行查账征收的小型微利企业，在办理 2014 年及以后年度企业所得税汇算清缴时，通过填报《国家税务总局关于发布〈中华人民共和国企业所得税年度纳税申报表

（A 类，2014 年版）的公告〉》（国家税务总局公告 2014 年第 63 号）之《基础信息表》（A000000 表）中的“104 从业人数”“105 资产总额（万元）”栏次，履行备案手续，不再另行备案。

所以，通过填写年度申报表相关事项履行备案手续即可，不再需要另行备案。

249. 预计符合小微企业标准，预缴企业所得税时是否可以享受小微企业的优惠政策?

徐箐指导：根据《国家税务总局关于贯彻落实扩大小型微利企业减半征收企业所得税范围有关问题的公告》（国家税务总局公告 2015 年第 17 号）的规定，企业根据本年度生产经营情况，预计本年度符合小型微利企业条件的，季度、月份预缴企业所得税时，可以享受小型微利企业所得税优惠政策。符合规定条件的小型微利企业，在季度、月份预缴企业所得税时，可以自行享受小型微利企业所得税优惠政策，无须税务机关审核批准。

所以，如果符合小型微利企业条件，可以自行享受小型微利企业所得税优惠政策，无须税务机关审核批准。

250. 已经认定的高新技术企业，撤销境外办事处如何缴纳企业所得税?

徐箐指导：根据《财政部、国家税务总局关于高新技术企业境外所得适用税率及税收抵免问题的通知》（财税〔2011〕47 号）第一条的规定，以与境内、境外全部生产经营活动有关的研究开发费用总额、总收入、销售收入总额、高新技术产品（服务）收入等指标申请并经认定的高新技术企业，其来源于境外的所得可以享受高新技术企业所得税优惠政策，即对其来源于境外所得可以按照 15% 的优惠税率缴纳企业所得税，在计算境外抵免限额时，可按照 15% 的优惠税率计算境内外应纳税总额。

所以，如果符合上述规定的，该笔收入可按 15% 的优惠税率缴纳企业所得税。

251. 企业收到捐赠机构返还的款项，对其捐赠支出按多少比例计算在企业所得税税前扣除？

徐箐指导：根据《财政部、国家税务总局、民政部关于公益性捐赠税前扣除有关问题的补充通知》（财税〔2010〕45 号）第一条的规定，企业或个人通过获得公益性捐赠税前扣除资格的公益性社会团体或县级以上人民政府及其组成部门和直属机构，用于公益事业的捐赠支出，可以按规定进行所得税税前扣除。

注意：对于通过公益性社会团体发生的公益性捐赠支出，企业或个人应提供省级以上（含省级）财政部门印制并加盖接受捐赠单位印章的公益性捐赠票据，或加盖接受捐赠单位印章的《非税收入一般缴款书》收据联，方可按规定进行税前扣除。所以，捐赠支出按照实际的捐赠金额在不超过会计年度利润 12% 以内扣除，并且需要取得加盖捐赠单位印章的公益性捐赠票据。

252. 支付劳务派遣公司招聘部分工人的费用应如何在企业所得税税前扣除？

徐箐指导：根据《国家税务总局关于企业工资薪金和职工福利费等支出税前扣除问题的公告》（国家税务总局公告 2015 年第 34 号）第三条的规定，企业接受外部劳务派遣用工所实际发生的费用，应分两种情况按规定在税前扣除：按照协议（合同）约定直接支付给劳务派遣公司的费用，应作为劳务费支出；直接支付给员工个人的费用，应作为工资薪金支出和职工福利费支出。其中属于工资薪金支出的费用，准予计入企业工资薪金总额的基数，作为计算其他各项相关费用扣除的依据。

253. 商业零售企业，由于商品过期造成的企业损失是采用清单申报还是专项申报？

徐箐指导：根据《国家税务总局关于商业零售企业存货损失税前扣除问题的公告》（国家税务总局公告2014 年第3 号）第一条的规定，商业零售企业存货因零星失窃、报废、废弃、过期、破损、腐败、鼠咬、顾客退换货等正常因素形成的损失，为存货正常损失，准予按会计科目进行归类、汇总，然后再将汇总数据以清单的形式进行企业所得税纳税申报，同时出具损失情况分析报告。第三条规定，存货单笔（单项）损失超过 500 万元的，无论何种因素形成的，均应以专项申报方式进行企业所得税纳税申报。

所以，年度企业所得税纳税申报时，如果商品过期造成的损失，单笔不超过 500 万元的，可采用清单申报，无须专项申报。

254. 软件企业享受两免三减半的优惠政策，如何计算两免三减半的年限？

徐箐指导：根据《财政部、国家税务总局、发展改革委、工业和信息化部关于软件和集成电路产业企业所得税优惠政策有关问题的通知》（财税〔2016〕49 号）第九条的规定，软件、集成电路企业应从企业的获利年度起计算定期减免税优惠期。如获利年度不符合优惠条件的，应自首次符合软件、集成电路企业条件的年度起，在其优惠期的剩余年限内享受相应的减免税优惠。

另外，根据《国家税务总局关于执行软件企业所得税优惠政策有关问题的公告》（国家税务总局公告 2013 年第 43 号）第三条的规定，软件企业的获利年度，是指软件企业开始生产经营后，第一个应纳税所得额大于零的纳税年度，包括对企业所得税实行核定征收方式的纳税年度。软件企业享受定期减免税优惠的期限应当连续计算，不得因中间发生亏损或其他原因而间断。

所以，软件企业应按上述规定计算定期减免税优惠期。

255. 分支机构成立当年，是否需要申报企业所得税？

徐箐指导：根据《国家税务总局关于印发〈跨地区经营汇总纳税企业所得税征收管理办法〉的公告》（国家税务总局公告 2012 年第 57 号）的规定，总机构和具有主体生产经营职能的二级分支机构，就地分摊缴纳企业所得税。二级分支机构，是指汇总纳税企业依法设立并领取非法人营业执照（登记证书），且总机构对其财务、业务、人员等直接进行统一核算和管理的分支机构。

以下二级分支机构不就地分摊缴纳企业所得税：①不具有主体生产经营职能，且在当地不缴纳增值税、营业税的产品售后服务、内部研发、仓储等汇总纳税企业内部辅助性的二级分支机构，不就地分摊缴纳企业所得税。②上年度认定为小型微利企业的，其二级分支机构不就地分摊缴纳企业所得税。③新设立的二级分支机构，设立当年不就地分摊缴纳企业所得税。④当年撤销的二级分支机构，自办理注销税务登记之日所属企业所得税预缴期间起，不就地分摊缴纳企业所得税。⑤汇总纳税企业在中国境外设立的不具有法人资格的二级分支机构，不就地分摊缴纳企业所得税。

所以，分支机构属于上述不需就地分摊缴纳企业所得税的纳税人，可由总机构汇总缴纳企业所得税；如不属于，则应按规定申报企业所得税。

256. 非居民企业平价转让股权，是否需要进行所得税纳税调整？

徐箐指导：根据《国家税务总局关于加强非居民企业股权转让所得企业所得税管理的通知》（国税函〔2009〕698 号）第七条的规定，非居民企业向其关联方转让中国居民企业股权，其转让价格不符合独立交易原则而减少应纳税所得额的，税务机关有权按照合理方法进行调整。

所以，如果该项交易的平价转让不符合独立交易原则，税务机关有权按照合理方法进行调整，根据调整后的股权转让价格减去股权成本确定股权转让所得。

257. 旅行社向旅客收取并支付给航空公司的机票款，是否可以在计算销售额时扣除？

徐箐指导：根据《财政部、国家税务总局关于全面推开营业税改征增值税试点的通知》（财税〔2016〕36 号）附件 2《营业税改征增值税试点有关事项的规定》第一条第三款第 8 项的规定，试点纳税人提供旅游服务，可以选择以取得的全部价款和价外费用，扣除向旅游服务购买方收取并支付给其他单位或者个人的住宿费、餐饮费、交通费、签证费、门票费和支付给其他接团旅游企业的旅游费用后的余额为销售额。

选择上述办法计算销售额的试点纳税人，向旅游服务购买方收取并支付的上述费用，不得开具增值税专用发票，可以开具普通发票。

258. 以技术成果投资入股到其他企业，如何办理递延纳税优惠备案？

徐箐指导：根据《财政部、国家税务总局关于完善股权激励和技术入股有关所得税政策的通知》（财税〔2016〕101 号）的规定，企业或个人以技术成果投资入股到境内居民企业，被投资企业支付的对价全部为股票（权）的，企业或个人可选择继续按现行有关税收政策执行，也可选择适用递延纳税优惠政策。选择技术成果投资入股递延纳税政策的，经向主管税务机关备案，投资入股当期可暂不纳税，允许递延至转让股权时，按股权转让收入减去技术成果原值和合理税费后的差额计算缴纳所得税。技术成果是指专利技术（含国防专利）、计算机软件著作权、集成电路布图设计专有权、植物新品种权、生物医药新品种，以及科技部、财政部、国家税务总局确定的其他技术成果。技术成果投资入股，是指纳税人将技术成果所有权让渡给被投资企业、取得该企业股票（权）的行为。

根据《国家税务总局关于股权激励和技术入股所得税征管问题的公告》（国家税务总局公告2016 年第62 号）第二条的规定，选择适用《通知》中递延纳税政策的，应当为实行查账征收的居民企业以技术成果所有权投资。企业适用递延纳税政策的，应在投资完成后首次预缴申报时，将相关内容填入《技术成果投资入股企业所得税递延纳税备案表》。企业接受技术成果投资入股，技术成果评估值明显不合理的，主管税务机关有权进行调整。

所以，以技术成果投资入股到其他企业，符合上述规定的，应在投资完成后首次预缴申报时，提交《技术成果投资入股企业所得税递延纳税备案表》。

259. 企业逾期缴纳税款所产生的滞纳金是怎样计算的？

徐箐指导：根据《中华人民共和国税收征收管理法》（中华人民共和国主席令第49号）的规定，纳税人未按照规定期限缴纳税款的，扣缴义务人未按照规定期限解缴税款的，税务机关除责令限期缴纳外，从滞纳税款之日起，按日加收滞纳税款万分之五的滞纳金。

所以，纳税人逾期缴纳税款，从滞纳税款之日起，按日加收滞纳税款万分之五的滞纳金。

260. 可以在企业所得税税前加计扣除的研发费用具体包括哪些内容？

徐箐指导：根据《财政部、国家税务总局、科学技术部关于完善研究开发费用税前加计扣除政策的通知》（财税2015年第119号）的规定，允许加计扣除的研发费用包括企业开展研发活动中实际发生的研发费用，未形成无形资产计入当期损益的，在按规定据实扣除的基础上，按照本年度实际发生额的50%，从本年度应纳税所得额中扣除；形成无形资产的，按照无形资产成本的150%在税前摊销。研发费用的具体范围包括：

（1）人员人工费用。直接从事研发活动人员的工资薪金、基本养老保险费、基本医疗保险费、失业保险费、工伤保险费、生育保险费和住房公积金，以及外聘研发人员的劳务费用。

（2）直接投入费用。①研发活动直接消耗的材料、燃料和动力费用。②用于中间试验和产品试制的模具、工艺装备开发及制造费，不构成固定资产的样品、样机及一般测试手段购置费，试制产品的检验费。③用于研发活动的仪器、设备的运行维护、调整、检验、维修等费用，以及通过经营租赁方式租入的用于研发活动的仪器、设备租赁费。

（3）折旧费用。用于研发活动的仪器、设备的折旧费。

（4）无形资产摊销。用于研发活动的软件、专利权、非专利技术（包括许可证、专有技术、设计和计算方法等）的摊销费用。

（5）新产品设计费、新工艺规程制定费、新药研制的临床试验费、勘探开发技术的现场试验费。

（6）其他相关费用。与研发活动直接相关的其他费用，如技术图书资料费、资料翻译费、专家咨询费、高新科技研发保险费，研发成果的检索、分析、评议、论证、鉴定、评审、评估、验收费用，知识产权的申请费、注册费、代理费，差旅费、会议费等。此项费用总额不得超过可加计扣除研发费用总额的 10%。

（7）财政部和国家税务总局规定的其他费用。

另外，该文件第五条第（一）款规定本通知适用于会计核算健全、实行查账征收并能够准确归集研发费用的居民企业，以及第（四）款规定企业符合本通知规定的研发费用加计扣除条件而在 2016 年 1 月 1 日以后未及时享受该项税收优惠的，可以追溯享受并履行备案手续，追溯期限最长为 3 年。本通知自 2016 年 1 月 1 日起执行。如所发生的研发费用符合以上所述则可税前扣除。

261. 如何确认公益性社会团体捐赠企业所得税税前扣除资格？

徐箐指导：根据《财政部、国家税务总局、民政部关于公益性捐赠税前扣除资格确认审批有关调整事项的通知》（财税〔2015〕141号）的规定，公益性社会团体捐赠税前扣除资格确认程序按以下规定执行：

（1）对在民政部登记设立的社会组织，由民政部在登记注册环节会同财政部、国家税务总局对其公益性进行联合确认，对符合公益性社会团体条件的社会组织，财政部、国家税务总局、民政部联合发布公告，明确其公益性捐赠税前扣除资格。

（2）对在民政部登记注册且已经运行的社会组织，由财政部、国家税务总局和民政部结合社会组织公益活动情况和年度检查、评估等情况，对符合公益性社会团体条件的社会组织联合发布公告，明确其公益性捐赠税前扣除资格。

（3）在省级和省级以下民政部门登记注册的社会组织，由省级相关部门参照前两项执行。

262. 企业对在职员工按月补贴交通费是计入工资还是职工福利费？

徐箐指导：根据《国家税务总局关于企业工资薪金和职工福利费等支出税前扣除问题的公告》（国家税务总局公告2015年第34号）的规定，列入企业员工工资薪金制度、固定与工资薪金一起发放的福利性补贴，符合《国家税务总局关于企业工资薪金及职工福利费扣除问题的通知》（国税函〔2009〕3号）第一条规定的，可作为企业发生的工资薪金支出，按规定在税前扣除。不能同时符合上述条件的福利性补贴，应作为国税函〔2009〕3号文件第三条规定的职工福利费，按规定计算限额税前扣除。因此，如果发放的交通费补贴符合上述条件，应当作为工资薪金支出在税前扣除。

263. 取得持有 5 年以上的非独占计算软件著作权转让所得，企业所得税是否有优惠政策？

徐箐指导：根据《财政部、国家税务总局关于将国家自主创新示范区有关税收试点政策推广到全国范围实施的通知》（财税〔2015〕116 号）第二条第一款的规定，自 2015 年 10 月 1 日起，全国范围内的居民企业转让 5 年以上非独占许可使用权取得的技术转让所得，纳入享受企业所得税优惠的技术转让所得范围。居民企业的年度技术转让所得不超过 500 万元的部分，免征企业所得税；超过 500 万元的部分，减半征收企业所得税。又因为本通知第二条第二款规定：本通知所称技术，包括专利（含国防专利）、计算机软件著作权、集成电路布图设计专有权、植物新品种权、生物医药新品种，以及财政部和国家税务总局确定的其他技术。其中，专利是指法律授予独占权的发明、实用新型以及非简单改变产品图案和形状的外观设计。

264. 企业为员工租房费用，企业所得税应如何处理？

徐箐指导：根据《国家税务总局关于企业工资薪金及职工福利费扣除问题的通知》（国税函〔2009〕3 号）的规定，《实施条例》第四十条规定的企业职工福利费，包括以下内容：①尚未实行分离办社会职能的企业，其内设福利部门所发生的设备、设施和人员费用，包括职工食堂、职工浴室、理发室、医务所、托儿所、疗养院等集体福利部门的设备、设施及维修保养费用和福利部门工作人员的工资薪金、社会保险费、住房公积金、劳务费等。②为职工卫生保健、生活、住房、交通等所发放的各项补贴和非货币性福利，包括企业向职工发放的因公外地就医费用、未实行医疗统筹企业职工医疗费用、职工供养直系亲属医疗补贴、供暖费补贴、职工防暑降温费、职工困难补贴、救济费、职工食堂经费补贴、职工交通补贴等。③按照其他规定发生的其他职工福利费，包括丧葬补助费、抚恤费、安家费、探亲假路费等。

所以，企业为员工租房费用属于上述标准，可以按照《中华人民共和国企业所得税法实施条例》第四十条规定的："企业发生的职工福利费支出，不超过工资薪金总额 14% 的部分，准予扣除。"进行扣除。

265. 企业筹办期的亏损，能否计入当期亏损在以后年度弥补?

徐箐指导：根据《国家税务总局关于贯彻落实企业所得税法若干税收问题的通知》（国税函〔2010〕79 号）的规定，企业自开始生产经营的年度，为开始计算企业损益的年度。企业从事生产经营之前进行筹办活动期间发生的筹办费用支出，不得计算为当期的亏损，应按照《国家税务总局关于企业所得税若干税务事项衔接问题的通知》（国税函〔2009〕98 号）第九条规定执行。

根据《国家税务总局关于企业所得税若干税务事项衔接问题的通知》（国税函〔2009〕98 号）第九条的规定，新税法中开（筹）办费未明确列作长期待摊费用，企业可以在开始经营之日的当年一次性扣除，也可以按照新税法有关长期待摊费用的处理规定处理，但一经选定，不得改变。

所以，企业筹办期发生的筹办费用支出，应在开始经营之日的当年一次性扣除或按照税法有关长期待摊费用的处理规定处理，不得计入当期亏损在以后年度税前弥补。

266. 主营业务为海外承建项目的高新技术企业，企业所得税是否同样适用 15% 的税率？

徐箐指导：根据《财政部、国家税务总局关于高新技术企业境外所得适用税率及税收抵免问题的通知》（财税〔2011〕47 号）的规定，以境内、境外全部生产经营活动有关的研究开发费用总额、总收入、销售收入总额、高新技术产品（服务）收入等指标申请并经认定的高新技术企业，其来源于境外的所得可以享受高新技术企业所得税优惠政策，即对其来源于境外所得可以按照 15% 的优惠税率缴纳企业所得税，在计算境外抵免限额时，可按照 15% 的优惠税率计算境内外应纳税总额。

所以，主营业务为海外承建项目的高新技术企业，其取得的境外销售收入可以按照 15% 的优惠税率缴纳企业所得税，在计算境外抵免限额时，可按照 15% 的优惠税率计算境内外应纳税额。

267. 2017 年企业的研发费加计扣除的比例提高到 75%，适用哪些企业？

徐箐指导：根据《财政部、国家税务总局、科技部关于提高科技型中小企业研究开发费用税前加计扣除比例的通知》（财税〔2017〕34 号）的规定，科技型中小企业开展研发活动中实际发生的研发费用，未形成无形资产计入当期损益的，在按规定据实扣除的基础上，在 2017 年 1 月 1 日至 2019 年 12 月 31 日期间，再按照实际发生额的 75% 在税前加计扣除；形成无形资产的，在上述期间按照无形资产成本的 175% 在税前摊销。科技型中小企业的标准根据《科技部、财政部、国家税务总局关于印发〈科技型中小企业评价办法〉的通知》（国科发政〔2017〕115

号）的判断；科技型中小企业享受研发费用税前加计扣除政策的其他政策口径按照《财政部、国家税务总局、科技部关于完善研究开发费用税前加计扣除政策的通知》（财税〔2015〕119号）规定执行。

所以，属于科技型中小企业，在2017～2019年发生的研发费用可以按规定享受上述规定比例税前加计扣除政策。

268. 享受企业所得税优惠留存备查资料应当保存多长时间？

徐箐指导：根据《国家税务总局关于发布〈企业所得税优惠政策事项办理办法〉的公告》（国家税务总局公告2015年第76号）的规定，企业应当按照税务机关要求限期提供留存备查资料，以证明其符合税收优惠政策条件。企业不能提供留存备查资料，或者留存备查资料与实际生产经营情况、财务核算、相关技术领域、产业、目录、资格证书等不符，不能证明企业符合税收优惠政策条件的，税务机关追缴其已享受的减免税，并按照税收征管法规定处理。企业留存备查资料的保存期限为享受优惠事项后10年。税法规定与会计处理存在差异的优惠事项，保存期限为该优惠事项有效期结束后10年。

269. 企业研究开发费用加计扣除形成的亏损，以后年度可以弥补吗？

徐箐指导：根据《国家税务总局关于企业所得税若干税务事项衔接问题的通知》（国税函〔2009〕98号）的规定，企业技术开发费加计扣除部分已形成企业年度亏损，可以用以后年度所得弥补，但结转年限最长不得超过5年。

所以，因研究开发费用加计扣除而形成的亏损，可以用以后年度所得弥补，但结转年限最长不得超过 5 年。

270. 研发机构采购了国产设备，如何办理采购国产设备的退税备案手续？

徐箐指导：根据《国家税务总局关于发布〈研发机构采购国产设备增值税退税管理办法〉的公告》（国家税务总局公告 2017 年第 5 号）第五条的规定，研发机构享受采购国产设备退税政策，应于首次申报退税时，持以下资料向主管国税机关办理采购国产设备的退税备案手续：

（1）符合财税〔2016〕121 号文件第一条、第二条规定的研发机构的证明资料；

（2）内容填写真实、完整的《出口退（免）税备案表》，其中“退税开户银行账号”需从税务登记的银行账号中选择一个填报；

（3）主管国税机关要求提供的其他资料。

本办法下发前已办理采购国产设备退税备案的，无须再办理采购国产设备的退税备案。

所以，可以按照上述规定办理研发机构采购国产设备的增值税退税备案手续。

271. 哪些小微企业享受优惠政策不再另行填写《备案表》？

徐箐指导：根据《国家税务总局关于发布〈企业所得税优惠政策事项办理办法〉的公告》（国家税务总局公告 2015 年第 76 号）的规定，企业享受小型微利企业所得税优惠政策、固定资产加速折旧、单位价值低于 5000 元固定资产一次性扣除和单位价值低于 100 万元的研发仪器设备一次性扣除等优惠政策，企业通过填写纳税申报表相关栏次履行备案手续，不再另行填写《备案表》。

272. 非居民企业，是否可以享受小型微利企业的所得税优惠政策？

徐箐指导：根据《国家税务总局关于非居民企业不享受小型微利企业所得税优惠政策问题的通知》（国税函〔2008〕650 号）的规定，《企业所得税法》第二十八条规定的小型微利企业是指企业的全部生产经营活动产生的所得均负有我国企业所得税纳税义务的企业。因此，仅就来源于我国所得负有我国纳税义务的非居民企业，不适用该条规定的对符合条件的小型微利企业减按 20% 税率征收企业所得税的政策。

所以不可以享受。

273. 享受企业所得税免征、减征优惠条件转让非独占许可使用权的技术有什么限制条件？

徐箐指导：根据《国家税务总局关于许可使用权技术转让所得企业所得税有关问题的公告》（国家税务总局公告 2015 年第 82 号）的规定，企业转让符合条件的 5 年以上非独占许可使用权的技术，限于其拥有所有权的技术。技术所有权的权属由国务院行政主管部门确定。其中，专利由国家知识产权局确定权属；国防专利由总装备部确定权属；计算机软件著作权由国家版权局确定权属；集成电路布图设计专有权由国家知识产权局确定权属；植物新品种权由农业部确定权属；生物医药新品种由国家食品药品监督管理总局确定权属。

所以，符合享受企业所得税免征、减征优惠条件的技术应属于本企业拥有所有权的技术。

274. 哪些企业所得税优惠事项实行“以表代备”方式?

徐箐指导：根据《国家税务总局关于发布〈企业所得税优惠政策事项办理办法〉的公告》（国家税务总局公告 2015 年第 76 号）的规定，企业享受小型微利企业所得税优惠政策、固定资产加速折旧（含一次性扣除）政策，通过填写纳税申报表相关栏次履行备案手续。因此，若您公司享受的是小型微利企业所得税优惠或固定资产加速折旧政策，实行“以表代备”方式。

275. 企业发生的资产损失申报扣除，是否需要向税务机关提交资料?

徐箐指导：根据《国家税务总局关于发布〈企业资产损失所得税税前扣除管理办法〉的公告》（国家税务总局公告 2011 年第 25 号）的规定，企业在进行企业所得税年度汇算清缴申报时，可将资产损失申报材料和纳税资料作为企业所得税年度纳税申报表的附件一并向税务机关报送。

企业资产损失按其申报内容和要求的不同，分为清单申报和专项申报两种申报形式。其中，属于清单申报的资产损失，企业可按会计核算科目进行归类、汇总，然后再将汇总清单报送税务机关，有关会计核算资料和纳税资料留存备查；属于专项申报的资产损失，企业应逐项（或逐笔）报送申请报告，同时附送会计核算资料及其他相关的纳税资料。

所以，资产损失申报扣除可以按照上述规定向税务机关报送有关资料。

276. 企业研发活动的仪器、设备的规范口径是什么？

徐箐指导：用于研发活动的仪器、设备范围口径，按照《财政部、国家税务总局、科技部关于完善研究开发费用税前加计扣除政策的通知》（财税〔2015〕119 号）、《国家税务总局关于印发〈企业研究开发费用税前扣除管理办法（试行）〉的通知》（国税发〔2008〕116 号）或科学技术部、财政部、国家税务总局制定的《高新技术企业认定管理工作指引》《科学技术部、财政部、国家税务总局关于印发〈高新技术企业认定管理工作指引〉的通知》（国科发火〔2008〕362 号）的规定执行。

277. 立项研发的项目，部分委托给境外企业进行研发，委托部分所发生的费用能否加计扣除？

徐箐指导：根据《财政部、国家税务总局、科技部关于完善研究开发费用税前加计扣除政策的通知》（财税〔2015〕119 号）的规定，企业委托外部机构或个人进行研发活动所发生的费用，按照费用实际发生额的 80% 计入委托方研发费用并计算加计扣除，受托方不得再进行加计扣除。委托外部研究开发费用实际发生额应按照独立交易原则确定。

委托方与受托方存在关联关系的，受托方应向委托方提供研发项目费用支出明细情况。

企业委托境外机构或个人进行研发活动所发生的费用，不得加计扣除。

所以，委托境外企业研发部分所发生的研究开发费用，不得加计扣除。

278. 境外投资者以分配利润直接投资暂不征收预提所得税的基本条件是什么？

徐箐指导：根据财政部等四部委《关于境外投资者以分配利润直接投资暂不征收预提所得税政策问题的通知》的规定，境外投资者暂不征收预提所得税须满足以下条件：境外投资者以分得利润进行的直接投资，包括境外投资者以分得利润进行的增资、新建、股权收购等权益性投资行为，但不包括新增、转增、收购上市公司股份（符合条件的战略投资除外）。具体是指："1. 新增或转增中国境内居民企业实收资本或者资本公积；2. 在中国境内投资新建居民企业；3. 从非关联方收购中国境内居民企业股权；4. 财政部、税务总局规定的其他方式。境外投资者采取上述投资行为所投资的企业统称为被投资企业。"

注意：企业涉及境外投资者用于直接投资的利润以现金形式支付的，相关款项从利润分配企业的账户直接转入被投资企业或股权转让方账户，在直接投资前不得在境内外其他账户周转；境外投资者用于直接投资的利润以实物、有价证券等非现金形式支付的，相关资产所有权直接从利润分配企业转入被投资企业或股权转让方，在直接投资前不得由其他企业、个人代为持有或临时持有。

279. 年终单位以实物、购物卡等形式发放给员工的福利，应该属于工资还是福利？

徐箐指导：根据《中华人民共和国企业所得税法实施条例》第三十四条的规定，企业发生的合理的工资薪金支出，准予扣除。工资薪金，是指企业每一纳税年度支付给在本企业任职或者受雇的员工的所有现金形式或者非现金形式的劳动报酬，包括基本工资、奖金、津贴、补贴、年终加薪、加班工资，以及与员工任职或者受雇有关的其他支出。

另据《国家税务总局关于企业工资薪金及职工福利费扣除问题的通知》（国税函〔2009〕3 号）的规定：《实施条例》第四十条规定的企业职工福利费，包括以下内容：

（1）尚未实行分离办社会职能的企业，其内设福利部门所发生的设备、设施和人员费用，包括职工食堂、职工浴室、理发室、医务所、托儿所、疗养院等集体福利部门的设备、设施及维修保养费用和福利部门工作人员的工资薪金、社会保险费、住房公积金、劳务费等。

（2）为职工卫生保健、生活、住房、交通等所发放的各项补贴和非货币性福利，包括企业向职工发放的因公外地就医费用、未实行医疗统筹企业职工医疗费用、职工供养直系亲属医疗补贴、供暖费补贴、职工防暑降温费、职工困难补贴、救济费、职工食堂经费补贴、职工交通补贴等。

（3）按照其他规定发生的其他职工福利费，包括丧葬补助费、抚恤费、安家费、探亲假路费等。因此，年终单位以实物、购物卡等形式发放给员工的“福利”，不符合福利费范围，应按税法规定并入员工的“工资薪金所得”，属于企业支付的劳动报酬，准予在企业所得税税前扣除。

280. 学校取得财政部门拨付的科研资金，是否需要申报缴纳企业所得税?

徐箐指导：根据《财政部、国家税务总局关于财政性资金、行政事业性收费、政府性基金有关企业所得税政策问题的通知》（财税〔2008〕151 号）第一条的规定：

（1）企业取得的各类财政性资金，除属于国家投资和资金使用后要求归还本金的以外，均应计入企业当年收入总额。

（2）对企业取得的由国务院财政、税务主管部门规定专项用途并经国务院批准的财政性资金，准予作为不征税收入，在计算应纳税所得额时从收入总额中减除。

（3）纳入预算管理的事业单位、社会团体等组织按照核定的预算和经费报领关系收到的由财政部门或上级单位拨入的财政补助收入，准予作为不征税收入，在计算应纳税所得额时从收入总额中减除，但国务院和国务院财政、税务主管部门另有规定的除外。

根据《财政部、国家税务总局关于专项用途财政性资金企业所得税处理问题的通知》（财税〔2011〕70号）第一条的规定，企业从县级以上各级人民政府财政部门及其他部门取得的应计入收入总额的财政性资金，凡同时符合以下条件的，可以作为不征税收入，在计算应纳税所得额时从收入总额中减除：

（1）企业能够提供规定资金专项用途的资金拨付文件；

（2）财政部门或其他拨付资金的政府部门对该资金有专门的资金管理办法或具体管理要求；

（3）企业对该资金以及以该资金发生的支出单独进行核算。

所以，学校取得财政部门拨付科研资金根据上述文件判定是否需要缴纳企业所得税。

281. 向股东个人借款，之后个人股东免除我司还款，请问该笔不需偿还的借款，是否需要缴纳企业所得税？

徐箐指导：根据《中华人民共和国企业所得税法实施条例》（中华人民共和国国务院令第512号）第二十二条的规定，企业所得税法第六条第（九）项所称其他收入，是指企业取得的除企业所得税法第六条第（一）项至第（八）项规定的收入外的其他收入，包括企业资产溢余收入、逾期未退包装物押金收入、确实无法偿付的应付款项、已作坏账损失处理后又收回的应收款项、债务重组收入、补贴收入、违约金收入、汇兑收益等。

所以，上述确实无法偿付的应付款项应作为企业的其他收入，缴纳企业所得税。

282. *以合伙企业为业主缴纳的社保费和住房公积金，是否可以在个人所得税税前扣除？*

徐箐指导：根据《国务院关于个人独资企业和合伙企业征收所得税问题的通知》（国发〔2000〕16号）的规定，自2000年1月1日起，对个人独资企业和合伙企业停止征收企业所得税，其投资者的生产经营所得，比照个体工商户的生产、经营所得征收个人所得税。具体税收政策的征收办法由国家财税主管部门另行制定。

根据《个体工商户个人所得税计税办法》（国家税务总局令第35号）第二十二条的规定，个体工商户按照国务院有关主管部门或者省级人民政府规定的范围和标准为其业主和从业人员缴纳的基本养老保险费、基本医疗保险费、失业保险费、生育保险费、工伤保险费和住房公积金，准予扣除。

所以，合伙企业按规定为业主缴纳的符合规定的社保费和住房公积金准予在个人所得税税前扣除。

283. *企业为员工缴付的补充医疗保险，是否可以在企业所得税税前扣除？*

徐箐指导：根据《财政部、国家税务总局关于补充养老保险费补充医疗保险费有关企业所得税政策问题的通知》（财税〔2009〕27 号）的规定，企业根据国家有关政策规定，为在本企业任职或者受雇的全体员工支付的补充养老保险费、补充医疗保险费，分别在不超过职工工资总额 5% 标准内的部分，在计算应纳税所得额时准予扣除；超过的部分，不予扣除。

所以，企业为员工缴付的补充医疗保险，在不超过职工工资总额 5% 标准内的部分，在计算应纳税所得额时准予扣除；超过的部分，不予扣除。

284. 保险公司发生哪些情形时缴纳的保险保障基金不得在企业所得税税前扣除？

徐箐指导：根据《财政部、国家税务总局关于保险公司准备金支出企业所得税税前扣除有关政策问题的通知》（财税〔2016〕114 号）的规定，保险公司有下列情形之一的，其缴纳的保险保障基金不得在税前扣除：①财产保险公司的保险保障基金余额达到公司总资产 6% 的。②人身保险公司的保险保障基金余额达到公司总资产 1% 的。

注意：本通知自 2016 年 1 月 1 日至 2020 年 12 月 31 日执行。

285. 保险公司按规定提取的未到期责任准备金、寿险责任准备金、长期健康险责任准备金、已发生已报案未决赔款准备金和已发生未报案未决赔款准备金，是否准予在企业所得税税前扣除？

徐箐指导：根据《财政部、国家税务总局关于保险公司准备金支出企业所得税税前扣除有关政策问题的通知》（财税〔2016〕114 号）的规定，保险公司按国务院财政部门的相关规定提取的未到期责任准备金、寿险责任准备金、长期健康险责任准备金、已发生已报案未决赔款准备金和已发生未报案未决赔款准备金，准予在税前扣除。

（1）未到期责任准备金、寿险责任准备金、长期健康险责任准备金依据经中国保监会核准任职资格的精算师或出具专项审计报告的中介机构确定的金额提取。未到期责任准备金，是指保险人为尚未终止的非寿险保险责任提取的准备金。寿险责任准备金，是指保险人为尚未终止的人寿保险责任提取的准备金。长期健康险责任准备金，是指保险人为尚未终止的长期健康保险责任提取的准备金。

（2）已发生已报案未决赔款准备金，按最高不超过当期已经提出的保险赔款或者给付金额的 100% 提取；已发生未报案未决赔款准备金按不超过当年实际赔款支出额的 8% 提取。已发生已报案未决赔款准备金，是指保险人为非寿险保险事故已经发生并已向保险人提出索赔、尚未结案的赔案提取的准备金。已发生未报案未决赔款准备金，是指保险人为非寿险保险事故已经发生、尚未向保险人提出索赔的赔案提取的准备金。

注意：本办法自 2016 年 1 月 1 日至 2020 年 12 月 31 日执行。

286. 保险公司缴纳的保险保障基金准予在企业所得税税前扣除的标准是什么？

徐箐指导：根据《财政部、国家税务总局关于保险公司准备金支出企业所得税税前扣除有关政策问题的通知》（财税〔2016〕114 号）规定，保险公司按下列规定缴纳的保险保障基金，准予据实税前扣除：

（1）非投资型财产保险业务，不得超过保费收入的 0.8%；

投资型财产保险业务，有保证收益的，不得超过业务收入的 0.08%，无保证收益的，不得超过业务收入的 0.05%。

（2）有保证收益的人寿保险业务，不得超过业务收入的 0.15%；无保证收益的人寿保险业务，不得超过业务收入的 0.05%。

（3）短期健康保险业务，不得超过保费收入的 0.8%；长期健康保险业务，不得超过保费收入的 0.15%。

（4）非投资型意外伤害保险业务，不得超过保费收入的 0.8%；投资型意外伤害保险业务，有保证收益的，不得超过业务收入的 0.08%，无保证收益的，不得超过业务收入的 0.05%。

保险保障基金，是指按照《中华人民共和国保险法》和《保险保障基金管理办法》（保监会、财政部、人民银行令 2008 年第 2 号）规定缴纳形成的，在规定情形下用于救助保单持有人、保单受让公司或者处置保险业风险的非政府性行业风险救助基金。

保费收入，是指投保人按照保险合同约定，向保险公司支付的保险费。

业务收入，是指投保人按照保险合同约定，为购买相应的保险产品支付给保险公司的全部金额。

非投资型财产保险业务，是指仅具有保险保障功能而不具有投资理财功能的财产保险业务。

投资型财产保险业务，是指兼具有保险保障与投资理财功能的财产保险业务。

有保证收益，是指保险产品在投资收益方面提供固定收益或最低收益保障。

无保证收益，是指保险产品在投资收益方面不提供收益保证，投保人承担全部投资风险。

注意执行期：自 2016 年 1 月 1 日至 2020 年 12 月 31 日执行。

287. 上市公司实施股权激励，个人选择在不超过 12 个月期限内缴税的，是否需要备案？

徐箐指导：根据《国家税务总局关于股权激励和技术入股所得税征管问题的公告》（国家税务总局公告 2016 年第 62 号）的规定，关于个人所得税征管问题（五）企业备案具体按以下规定执行：……2. 上市公司实施股权激励，个人选择在不超过 12 个月期限内缴税的，上市公司应自股票期权行权、限制性股票解禁、股权奖励获得之次月 15 日内，向主管税务机关报送《上市公司股权激励个人所得税延期纳税备案表》。上市公司初次办理股权激励备案时，还应一并向主管税务机关报送股权激励计划、董事会或股东大会决议。

288. 建筑安装业的纳税人和扣缴义务人未按规定申报缴纳个人所得税，会产生法律风险吗？

徐箐指导：根据《国家税务总局关于印发〈建筑安装业个人所得税征收管理暂行办法〉的通知》（国税发〔1996〕127 号）第十六条的规定，纳税义务人和扣缴义务人违反本办法规定的，主管税务机关应按《中华人民共和国税收征收管理法》《个人所得税代扣代缴暂行办法》《个人所得税自行申报纳税暂行办法》以及有关法律、行政法规的规定予以处罚，触犯刑律的，移送司法机关处理。

根据《中华人民共和国税收征收管理法》（中华人民共和国主席令第 49 号）第六十二条的规定，纳税人未按照规定的期限办理纳税申报和报送纳税资料的，或者扣缴义务人未按照规定的期限向税务机关报送代扣代缴、代收代缴税款报告表和有关资料的，由税务机关责令限期改正，可以处 2000 元以下的罚款；情节严重的，可以处 2000 元以上 1 万元以下的罚款。

第六十三条规定，纳税人伪造、变造、隐匿、擅自销毁账簿、记账凭证，或者在账簿上多列支出或者不列、少列收入，或者经税务机关通知申报而拒不申报或者进行虚假的纳税申报，不缴或者少缴应纳税款的，是偷税。对纳税人偷税的，由税务机关追缴其不缴或者少缴的税款、滞纳金，并处不缴或者少缴的税款 50% 以上 5 倍以下的罚款；构成犯罪的，依法追究刑事责任。

扣缴义务人采取前款所列手段，不缴或者少缴已扣、已收税款，由税务机关追缴其不缴或者少缴的税款、滞纳金，并处不缴或者少缴的税款 50% 以上五倍以下的罚款；构成犯罪的，依法追究刑事责任。

第六十四条规定，纳税人、扣缴义务人编造虚假计税依据的，由税务机关责令限期改正，并处 5 万元以下的罚款。

纳税人不进行纳税申报，不缴或者少缴应纳税款的，由税务机关追缴其不缴或者少缴的税款、滞纳金，并处不缴或者少缴的税款 50% 以上 5 倍以下的罚款。

第六十五条规定，纳税人欠缴应纳税款，采取转移或者隐匿财产的手段，妨碍税务机关追缴欠缴的税款的，由税务机关追缴欠缴的税款、滞纳金，并处欠缴税款 50% 以上 5 倍以下的罚款；构成犯罪的，依法追究刑事责任。

第六十七条规定，以暴力、威胁方法拒不缴纳税款的，是抗税，除由税务机关追缴其拒缴的税款、滞纳金外，依法追究刑事责任。情节轻微，未构成犯罪的，由税务机关追缴其拒缴的税款、滞纳金，并处拒缴税款 1 倍以上 5 倍以下的罚款。

第六十八条规定，纳税人、扣缴义务人在规定期限内不缴或者少缴应纳或者应解缴的税款，经税务机关责令限期缴纳，逾期仍未缴纳的，税务机关除依照本法第四十条的规定采取强制执行措施追缴其不缴或者少缴的税款外，可以处不缴或者少缴的税款 50% 以上 5 倍以下的罚款。

第六十九条规定，扣缴义务人应扣未扣、应收而不收税款的，由税务机关向纳税人追缴税款，对扣缴义务人处应扣未扣、应收未收税款 50% 以上 5 倍以下的罚款。

第七十条规定，纳税人、扣缴义务人逃避、拒绝或者以其他方式阻挠税务机关检查的，由税务机关责令改正，可以处 1 万元以下的罚款；情节严重的，处 1 万元以上 5 万元以下的罚款。

第七十七条规定，纳税人、扣缴义务人有本法第六十三条、第六十五条、第六十六条、第六十七条、第七十一条规定的行为涉嫌犯罪的，税务机关应当依法移交司法机关追究刑事责任。

根据《国家税务总局关于印发〈个人所得税自行纳税申报办法（试行）〉的通知》（国税发〔2006〕162 号）第七章第三十二条的规定，纳税人未按照规定的期限办理纳税申报和报送纳税资料的，依照税收征管法第六十二条的规定处理。

第三十三条规定，纳税人采取伪造、变造、隐匿、擅自销毁账簿、记账凭证，或者在账簿上多列支出或者不列、少列收入，或者经税务机关通知申报而拒不申报或者进行虚假的纳税申报，不缴或者少缴应纳税款的，依照税收征管法第六十三条的规定处理。

第三十四条规定，纳税人编造虚假计税依据的，依照税收征管法第六十四条第一款的规定处理。

289. 递延纳税股票（权）转让、办理纳税申报时，由谁向税务机关提供资料？

徐箐指导：根据《国家税务总局关于股权激励和技术入股所得税征管问题的公告》（国家税务总局公告 2016 年第 62 号）的规定，递延纳税股票（权）转让、办理纳税申报时，扣缴义务人、个人应向主管税务机关一并报送能够证明股票（权）转让价格、递延纳税股票（权）原值、合理税费的有关资料，具体包括转让协议、评估报告和相关票据等。资料不全或无法充分证明有关情况，造成计税依据偏低，又无正当理由的，主管税务机关可依据税收征管法有关规定进行核定。

290. 非上市公司实施符合条件的股权激励适用递延纳税政策是否需要备案？

徐箐指导：根据《财政部、国家税务总局关于完善股权激励和技术入股有关所得税政策的通知》（财税〔2016〕101 号）规定，对股权激励或技术成果投资入股选择适用递延纳税政策的，企业应在规定期限内到主管税务机关办理备案手续。未办理备案手续的，不得享受本通知规定的递延纳税优惠政策。

根据《国家税务总局关于股权激励和技术入股所得税征管问题的公告》（国家税务总局公告 2016 年第 62 号）的规定，非上市公司实施符合条件的股权激励，个人选择递延纳税的，非上市公司应于股票（权）期权行权、限制性股票解禁、股权奖励获得之次月 15 日内，向主管税务机关报送《非上市公司股权激励个人所得税递延纳税备案表》、股权激励计划、董事会或股东大会决议、激励对象任职或从事技术工作情况说明等。实施股权奖励的企业同时报送本企业及其奖励股权标的企业上一纳税年度主营业务收入构成情况说明。

291. 非上市公司股票期权、股权期权、限制性股票和股权奖励适用递延纳税政策需要符合什么条件?

徐箐指导：根据《财政部、国家税务总局关于完善股权激励和技术入股有关所得税政策的通知》（财税〔2016〕101 号）的规定，享受递延纳税政策的非上市公司股权激励（包括股票期权、股权期权、限制性股票和股权奖励，下同）需同时满足以下条件：

（1）属于境内居民企业的股权激励计划。

（2）股权激励计划经公司董事会、股东（大）会审议通过。未设股东（大）会的国有单位，经上级主管部门审核批准。股权激励计划应列明激励目的、对象、标的、有效期、各类价格的确定方法、激励对象获取权益的条件、程序等。

（3）激励标的应为境内居民企业的本公司股权。股权奖励的标的可以是技术成果投资入股到其他境内居民企业所取得的股权。激励标的股票（权）包括通过增发、大股东直接让渡以及法律法规允许的其他合理方式授予激励对象的股票（权）。

（4）激励对象应为公司董事会或股东（大）会决定的技术骨干和高级管理人员，激励对象人数累计不得超过本公司最近 6 个月在职职工平均人数的 30%。

（5）股票（权）期权自授予日起应持有满 3 年，且自行权日起持有满 1 年；限制性股票自授予日起应持有满 3 年，且解禁后持有满 1 年；股权奖励自获得奖励之日起应持有满 3 年。上述时间条件需在股权激励计划中列明。

（6）股票（权）期权自授予日至行权日的时间不得超过10年。

（7）实施股权奖励的公司及其奖励股权标的公司所属行业均不属于《股权奖励税收优惠政策限制性行业目录》范围（见附件）。公司所属行业按公司上一纳税年度主营业务收入占比最高的行业确定。

股权激励计划所列内容不同时满足上述规定的全部条件，或递延纳税期间公司情况发生变化，不再符合上述第4～6项条件的，不得享受递延纳税优惠，应按规定计算缴纳个人所得税。

注意：根据国家税务总局关于股权激励和技术入股所得税征管问题的公告（国家税务总局公告2016年第62号）的规定，按照股票（权）期权行权、限制性股票解禁、股权奖励获得之上月起前6个月“工资薪金所得”项目全员全额扣缴明细申报的平均人数确定。

292. 非上市公司实施符合条件的股权激励，是否还可享受递延纳税？

徐箐指导：根据《财政部、国家税务总局关于完善股权激励和技术入股有关所得税政策的通知》（财税〔2016〕101号）第一条的规定，股权激励计划递延纳税期间公司情况发生变化，不再符合第一条第（二）款第4～6项条件的，不得享受递延纳税优惠，应按规定计算缴纳个人所得税。

根据《国家税务总局关于股权激励和技术入股所得税征管问题的公告》（国家税务总局公告2016年第62号）第一条的规定，递延纳税期间，非上市公司情况发生变化，不再同时符合《通知》第一条第（二）款第 4 ~6 项条件的，应于情况发生变化之次月 15 日内，按《通知》第四条第（一）款规定计算缴纳个人所得税。

293. 员工取得的股权激励中，既有符合条件实行递延纳税政策，也有不符合递延纳税条件的不得享受递延纳税政策的，该如何核算？

徐箐指导：根据《国家税务总局关于股权激励和技术入股所得税征管问题的公告》（国家税务总局公告 2016 年第 62 号）第一条的规定，员工取得符合条件、实行递延纳税政策的股权激励，与不符合递延纳税条件的股权激励分别计算。

294. 转让适用递延纳税的股权后，其股权用于转增股本或者再用于非货币性资产投资，是否可以再按照相关规定享受分期缴税？

徐箐指导：根据《财政部、国家税务总局关于完善股权激励和技术入股有关所得税政策的通知》（财税〔2016〕101 号）第四条的规定，持有递延纳税的股权期间，因该股权产生的转增股本收入，以及以该递延纳税的股权再进行非货币性资产投资的，应在当期缴纳税款。

295. 企业境外发生支出收到国外的发票，能否作为企业所得税税前扣除凭证？

徐箐指导：根据《中华人民共和国企业所得税法》（中华人民共和国主席令第 63 号）第八条的规定，企业实际发生的与取得收入有关的、合理的支出，包括成本、费用、税金、损失和其他支出，准予在计算应纳税所得额时扣除。

根据《国务院关于修改〈中华人民共和国发票管理办法〉的决定》（中华人民共和国国务院令第 587 号）第三十三条的规定，单位和个人从中国境外取得的与纳税有关的发票或者凭证，税务机关在纳税审查时有疑义的，可以要求其提供境外公证机构或者注册会计师的确认证明，经税务机关审核认可后，方可作为记账核算的凭证。因此，您公司因在境外发生合理支出取得了国外的发票或境外凭证可以列支，但税务机关审查时需要由您公司提供确认证明。

296. 企业开立的银行账户，是否都需要向税务机关报备？

徐箐指导：根据《中华人民共和国税收征收管理法》（中华人民共和国主席令第 49 号）第十七条的规定，从事生产、经营的纳税人应当按照国家有关规定，持税务登记证件，在银行或者其他金融机构开立基本存款账户和其他存款账户，并将其全部账号向税务机关报告。

根据《中华人民共和国税收征收管理法实施细则》（国务院令第 362 号）的规定，从事生产、经营的纳税人应当自开立基本存款账户或者其他存款账户之日起 15 日内，向主管税务机关书面报告其全部账号；发生变化的，应当自变化之日起 15 日内，向主管税务机关书面报告。因此，企业开立的全部银行账户都应在开立之日起 15 日内向税务机关书面报告。

297. 企业年度中间获得高新技术企业证书，应从什么时间开始享受企业所得税优惠政策？

徐箐指导：根据《科技部、财政部、国家税务总局关于修订印发〈高新技术企业认定管理办法〉的通知》（国科发火〔2016〕32号）的规定，企业获得高新技术企业资格后，自高新技术企业证书颁发之日所在年度起享受税收优惠，可依照本办法第四条的规定到主管税务机关办理税收优惠手续。因此，您公司若是年度中间获得高新技术企业证书，应从颁发证书之日所在年度起享受税收优惠。

298. 个人从任职受雇企业以低于公平市场价格取得股票（权）的，不符合递延纳税条件的如何计税？

徐箐指导：根据《财政部、国家税务总局关于完善股权激励和技术入股有关所得税政策的通知》（财税〔2016〕101号）第四条第（一）款的规定，个人从任职受雇企业以低于公平市场价格取得股票（权）的，凡不符合递延纳税条件，应在获得股票（权）时，对实际出资额低于公平市场价格的差额，按照“工资、薪金所得”项目，参照《财政部、国家税务总局关于个人股票期权所得征收个人所得税问题的通知》（财税〔2005〕35号）有关规定计算缴纳个人所得税。

299. 全国中小企业股份转让系统挂牌公司（新三板）的股权激励可以适用上市公司递延纳税的优惠吗？

徐箐指导：根据《财政部、国家税务总局关于完善股权激励和技术入股有关所得税政策的通知》（财税〔2016〕101号）第四条第（五）款的规定，全国中小企业股份转让系统挂牌公司按照本通知第一条规定执行。适用本通知第二条规定的上市公司是指其股票在上海证券交易所、深圳证券交易所上市交易的股份有限公司。

300. 员工在一个纳税年度中多次取得股票（权）形式工资薪金所得的，如何申报纳税？

徐箐指导：根据《国家税务总局关于股权激励和技术入股所得税征管问题的公告》（国家税务总局公告 2016 年第 62 号）第一条规定：“（三）员工以在一个公历月份中取得的股票（权）形式工资薪金所得为一次。员工在一个纳税年度中多次取得不符合递延纳税条件的股票（权）形式工资薪金所得的，参照《国家税务总局关于个人股票期权所得缴纳个人所得税有关问题的补充通知》（国税函〔2006〕902 号）第七条规定执行。”

301. 个人转让享受递延纳税政策的股权，如何计算其股权的成本？

徐箐指导：根据《财政部、国家税务总局关于完善股权激励和技术入股有关所得税政策的通知》（财税〔2016〕101 号）第四条第（三）款的规定，个人转让股权时，视同享受递延纳税优惠政策的股权优先转让。递延纳税的股权成本按照加权平均法计算，不与其他方式取得的股权成本合并计算。

302. 上市公司授予个人的股票期权、限制性股票和股权奖励缴纳个人所得税的税款如何计算？

徐箐指导：根据《财政部、国家税务总局关于完善股权激励和技术入股有关所得税政策的通知》（财税〔2016〕101 号）第二条第（二）款的规定，上市公司股票期权、限制性股票应纳税款的计算，继续按照《财政部、国家税务总局关于个人股票期权所得征收个人所得税问题的通知》（财税〔2005〕35 号）、

《财政部、国家税务总局关于股票增值权所得和限制性股票所得征收个人所得税有关问题的通知》（财税〔2009〕5 号）、《国家税务总局关于股权激励有关个人所得税问题的通知》（国税函〔2009〕461 号）等相关规定执行。股权奖励应纳税款的计算比照上述规定执行。

303. 将自产产品作为奖励发给员工，请问企业所得税收入如何确认？

徐箐指导：根据《国家税务总局关于企业处置资产所得税处理问题的通知》（国税函〔2008〕828 号）第二条规定，企业将资产移送他人的下列情形，因资产所有权属已发生改变而不属于内部处置资产，应按规定视同销售确定收入。

（1）用于市场推广或销售；

（2）用于交际应酬；

（3）用于职工奖励或福利；

（4）用于股息分配；

（5）用于对外捐赠；

（6）其他改变资产所有权属的用途。

根据《国家税务总局关于企业所得税有关问题的公告》（国家税务总局公告 2016 年第 80 号）的规定，企业发生《国家税务总局关于企业处置资产所得税处理问题的通知》（国税函〔2008〕828 号）第二条规定情形的，除另有规定外，应按照被移送资产的公允价值确定销售收入。

所以，将自产产品作为奖励发给员工，应按照产品的公允价值确定企业所得税销售收入。

304. 企业所得税年度申报时，《职工薪酬纳税调整明细表》是否不能全部为零?

徐箐指导：根据《国家税务总局关于修改企业所得税年度纳税申报表（A 类，2014 年版）部分申报表的公告》（国家税务总局公告 2016 年第 3 号）的规定，《职工薪酬纳税调整明细表》（A105050）、《捐赠支出纳税调整明细表》（A105070）、《特殊行业准备金纳税调整明细表》（A105120），只要会计上发生相关支出（包括准备金），不论是否纳税调整，均需填报。因此，《职工薪酬纳税调整明细表》应如实填报会计上发生的相关支出。

305. 企业有零申报的情况，是否会影响年度 A 级信用等级的评定?

徐箐指导：根据《国家税务总局关于发布〈纳税信用管理办法（试行）〉的公告》（国家税务总局公告 2014 年第 40 号）第十九条的规定，有下列情形之一的纳税人，本评价年度不能评为 A 级：

（1）实际生产经营期不满 3 年的；

（2）上一评价年度纳税信用评价结果为 D 级的；

（3）非正常原因一个评价年度内增值税或营业税连续 3 个月或者累计 6 个月零申报、负申报的；

（4）不能按照国家统一的会计制度规定设置账簿，并根据合法、有效凭证核算，向税务机关提供准确税务资料的。

另外，根据《国家税务总局关于明确纳税信用管理若干业务口径的公告》（国家税务总局公告 2015 年第 85 号）的规定，非正常原因一个评价年度内增值税或营业税连续 3 个月或者累计 6 个月零申报、负申报的，不能评为 A 级。正常原因是指：

季节性生产经营、享受政策性减免税等正常情况原因。非正常原因是除上述原因外的其他原因。按季申报视同连续 3 个月。因此，若您公司有由于非正常原因一个评价年度内增值税或营业税连续 3 个月或者累计 6 个月零申报的情况，则信用等级不能评为 A 级。

306. 企业对哪些特定事项的捐赠支出可以据实全额在企业所得税税前扣除？

徐箐指导：根据《国家税务总局关于企业所得税执行中若干税务处理问题的通知》（国税函〔2009〕202 号）的规定：关于特定事项捐赠的税前扣除问题企业发生为汶川地震灾后重建、举办北京奥运会和上海世博会等特定事项的捐赠，按照《财政部、海关总署、国家税务总局关于支持汶川地震灾后恢复重建有关税收政策问题的通知》（财税〔2008〕104 号）、《财政部、国家税务总局关于 2010 年上海世博会有关税收政策问题的通知》（财税〔2005〕180 号）等相关规定，可以据实全额扣除。企业发生的其他捐赠，应按《企业所得税法》第九条及《实施条例》第五十一、五十二、五十三条的规定计算扣除。

根据《财政部、海关总署、国家税务总局关于支持舟曲灾后恢复重建有关税收政策问题的通知》（财税〔2010〕107 号）第四条的规定，自 2010 年 8 月 8 日起，对企业、个人通过公益性社会团体、县级以上人民政府及其部门向灾区的捐赠，允许在当年企业所得税前和当年个人所得税前全额扣除。

注意：以上税收优惠政策，凡未注明具体期限的，一律执行至 2012 年 12 月 31 日。

307. 金融机构农户小额贷款的利息收入可以享受什么企业所得税税收优惠?

徐箐指导：根据《财政部、国家税务总局关于延续并完善支持农村金融发展有关税收政策的通知》（财税〔2014〕102 号）第二条的规定，自 2014 年 1 月 1 日至 2016 年 12 月 31 日，对金融机构农户小额贷款的利息收入，在计算应纳所得额时，按 90% 计入收入总额。

自 2014 年 1 月 1 日至 2016 年 12 月 31 日，对保险公司为种植业、养殖业提供保险业务取得的保费收入，在计算应纳税所得额时，按 90% 计入收入总额。

注意：所称农户，是指长期（一年以上）居住在乡镇（不包括城关镇）行政管理区域内的住户，还包括长期居住在城关镇所辖行政村范围内的住户和户口不在本地而在本地居住一年以上的住户，国有农场的职工和农村个体工商户。位于乡镇（不包括城关镇）行政管理区域内和在城关镇所辖行政村范围内的国有经济的机关、团体、学校、企事业单位的集体户；有本地户口，但举家外出谋生一年以上的住户，无论是否保留承包耕地均不属于农户。农户以户为统计单位，既可以从事农业生产经营，也可以从事非农业生产经营。农户贷款的判定应以贷款发放时的承贷主体是否属于农户为准。

本通知所称小额贷款，是指单笔且该户贷款余额总额在 10 万元（含）以下贷款。

本通知所称保费收入，是指原保险保费收入加上分保费收入减去分出保费后的余额。

金融机构应对符合条件的农户小额贷款利息收入进行单独核算，不能单独核算的不得适用本通知第一条、第二条规定的优惠政策。

308. 房地产开发企业委托境内具有合法经营资格的中介服务机构销售房产，佣金支出税前扣除的限额是多少？

徐箐指导：根据《财政部、国家税务总局关于企业手续费及佣金支出税前扣除政策的通知》（财税〔2009〕29号）第一条的规定，企业发生与生产经营有关的手续费及佣金支出，不超过以下规定计算限额以内的部分，准予扣除；超过部分，不得扣除。1. 保险企业……；2. 其他企业：按与具有合法经营资格中介服务机构或个人（不含交易双方及其雇员、代理人和代表人等）所签订服务协议或合同确认的收入金额的5%计算限额。

所以，房地产开发企业委托境内具有合法经营资格中介服务机构销售房产，佣金支出税前扣除按与具有合法经营资格中介服务机构所签订服务协议或合同确认的收入金额的5%为限额进行扣除。

309. 企业在境外国家享受的减免税优惠回境内抵免时，可否视同已经缴纳税款抵扣企业所得税？

徐箐指导：根据《财政部、国家税务总局关于企业境外所得税收抵免有关问题的通知》（财税〔2009〕125号）第七条的规定，居民企业从与我国政府订立税收协定（或安排）的国家（地区）取得的所得，按照该国（地区）税收法律享受了免税或减税待遇，且该免税或减税的数额按照税收协定规定应视同已缴税额在中国的应纳税额中抵免的，该免税或减税数额可作为企业实际缴纳的境外所得税额用于办理税收抵免。

310. 新购进二手设备能否按新购进固定资产享受加速折旧政策?

徐箐指导：根据《国家税务总局关于进一步完善固定资产加速折旧企业所得税政策有关问题的公告》（国家税务总局公告2015年第68号）的规定，企业按本公告第一条、第二条规定缩短折旧年限的，对其购置的新固定资产，最低折旧年限不得低于实施条例第六十条规定的折旧年限的60%；对其购置的已使用过的固定资产，最低折旧年限不得低于实施条例规定的最低折旧年限减去已使用年限后剩余年限的60%。最低折旧年限一经确定，不得改变。企业按本公告第一条、第二条规定采取加速折旧方法的，可以采用双倍余额递减法或者年数总和法。加速折旧方法一经确定，不得改变。

311. 企业集团集中研发的项目，其实际发生的研发费用应当如何处理?

徐箐指导：根据《财政部、国家税务总局科技部关于完善研究开发费用税前加计扣除政策的通知》（财税〔2015〕119号）第二条第3项的规定，企业集团根据生产经营和科技开发的实际情况，对技术要求高、投资数额大，需要集中研发的项目，其实际发生的研发费用，可以按照权利和义务相一致、费用支出和收益分享相配比的原则，合理确定研发费用的分摊方法，在受益成员企业间进行分摊，由相关成员企业分别计算加计扣除。

注意执行时间：自2016年1月1日起执行。

312. 企业享受加计扣除优惠的研发项目有异议的如何处理?

徐箐指导：根据《财政部、国家税务总局科技部关于完善研究开发费用税前加计扣除政策的通知》（财税〔2015〕119 号）第五条第 3 项的规定，税务机关对企业享受加计扣除优惠的研发项目有异议的，可以转请地市级（含）以上科技行政主管部门出具鉴定意见，科技部门应及时回复意见。企业承担省部级（含）以上科研项目的，以及以前年度已鉴定的跨年度研发项目，不再需要鉴定。

注意执行时间：自 2016 年 1 月 1 日起执行。

313. 企业预缴申报时，能否享受支付残疾人工资加计扣除政策？

徐箐指导：根据《财政部、国家税务总局关于安置残疾人员就业有关企业所得税优惠政策问题的通知》（财税〔2009〕70 号）的规定，企业安置残疾人员的，在按照支付给残疾职工工资据实扣除的基础上，可以在计算应纳税所得额时按照支付给残疾职工工资的 100% 加计扣除。企业就支付给残疾职工的工资，在进行企业所得税预缴申报时，允许据实计算扣除；在年度终了进行企业所得税年度申报和汇算清缴时，再依照本条第一款的规定计算加计扣除。因此，企业预缴申报时，支付给残疾人职工的工资据实扣除，但不能加计扣除。

314. 子公司支付给境外母公司外派到境内的员工 6 万美金的工资，是否需要进行对外支付备案？

徐箐指导：根据《国家税务总局国家外汇管理局关于服务贸易等项目对外支付税务备案有关问题的公告》（国家税务总局、国家外汇管理局公告 2013 年第 40 号）第一条的规定，境内机构和个人向境外单笔支付等值 5 万美元以上（不含等值 5 万美元，下同）下列外汇资金，除本公告第三条规定的情形外，均应向所在地主管国税机关进行税务备案，主管税务机关仅为地税机关的，应向所在地同级国税机关备案。所示第 2 项外汇资金为："境外个人在境内的工作报酬，境外机构或个人从境内获得的股息、红利、利润、直接债务利息、担保费以及非资本转移的捐赠、赔偿、税收、偶然性所得等收益和经常转移收入"。

所以，子公司支付给境外母公司外派到境内的员工 6 万美金的工资，需要进行服务贸易等项目对外支付税务备案。

315. 国内企业向国有银行的境外分行支付利息，是否需要代扣代缴企业所得税？

徐箐指导：根据《国家税务总局关于境内机构向我国银行的境外分行支付利息扣缴企业所得税有关问题的公告》（国家税务总局公告 2015 年第 47 号）的规定，境外分行开展境内业务，并从境内机构取得的利息，为该分行的收入，计入分行的营业利润，按《财政部、国家税务总局关于企业境外所得税收抵免有关问题的通知》（财税〔2009〕125 号）的相关规定，与总机构汇总缴纳企业所得税。境内机构向境外分行支付利息时，不代扣代缴企业所得税。境外分行从境内取得的利息如果属于代收性质，据以产生利息的债权属于境外非居民企业，境内机构向境外分行支付利息时，应代扣代缴企业所得税。因此，国内企业向国有银行的境外分行支付利息时，境外分行应区分从境内收取的利息的实际所有人，对属于代收情形的，国内企业在对外支付时应按规定扣缴企业所得税。

316. 企业在归集研发费用时，对会计核算与处理有哪些要求？

徐箐指导：根据《财政部、国家税务总局科技部关于完善研究开发费用税前加计扣除政策的通知》（财税〔2015〕119 号）的规定：

（1）企业应按照国家财务会计制度要求，对研发支出进行会计处理；同时，对享受加计扣除的研发费用按研发项目设置辅助账，准确归集核算当年可加计扣除的各项研发费用实际发生额。企业在一个纳税年度内进行多项研发活动的，应按照不同研发项目分别归集可加计扣除的研发费用。

（2）企业应对研发费用和生产经营费用分别核算，准确、合理归集各项费用支出，对划分不清的，不得实行加计扣除。

注意执行时间：自 2016 年 1 月 1 日起执行。

还要注意核算要求：企业应按照国家财务会计制度要求，对研发支出进行会计处理。研发项目立项时应设置研发支出辅助账，由企业留存备查；年末汇总分析填报研发支出辅助账汇总表，并在报送《年度财务会计报告》的同时随附注一并报送主管税务机关。研发支出辅助账、研发支出辅助账汇总表可参照本公告所附样式（见附件）编制。

317. 企业研究开发费用各项目核算不准确时，税务机关是否有权调整加计扣除额？

徐箐指导：根据《财政部、国家税务总局、科技部关于完善研究开发费用税前加计扣除政策的通知》（财税〔2015〕119 号）的规定，企业研发费用各项目的实际发生额归集不准确、汇总额计算不准确的，税务机关有权对其税前扣除额或加计扣除额进行合理调整。

318. 企业发生各类重组如何确定重组日？

徐箐指导：根据《国家税务总局关于企业重组业务企业所得税征收管理若干问题的公告》（国家税务总局公告 2015 年第 48 号）第三条的规定，财税〔2009〕59 号文件第十一条所称重组业务完成当年，是指重组日所属的企业所得税纳税年度。

企业重组日的确定，按以下规定处理：

（1）债务重组，以债务重组合同（协议）或法院裁定书生效日为重组日。

（2）股权收购，以转让合同（协议）生效且完成股权变更手续日为重组日。关联企业之间发生股权收购，转让合同（协议）生效后 12 个月内尚未完成股权变更手续的，应以转让合同（协议）生效日为重组日。

（3）资产收购，以转让合同（协议）生效且当事各方已进行会计处理的日期为重组日。

（4）合并，以合并合同（协议）生效、当事各方已进行会计处理且完成工商新设登记或变更登记日为重组日。按规定不需要办理工商新设或变更登记的合并，以合并合同（协议）生效且当事各方已进行会计处理的日期为重组日。

（5）分立，以分立合同（协议）生效、当事各方已进行会计处理且完成工商新设登记或变更登记日为重组日。

319. 企业向职工发放的高温补贴应如何扣除？

徐箐指导：根据《国家税务总局关于企业工资薪金及职工福利费扣除问题的通知》（国税函〔2009〕3 号）的规定，《实施条例》第四十条规定的企业职工福利费，包括内容的第 2 项为职工卫生保健、生活、住房、交通等所发放的各项补贴和非货币性福利，包括企业向职工发放的因公外地就医费用、未实行医疗统筹企业职工医疗费用、职工供养直系亲属医疗补贴、供暖费补贴、职工防暑降温费、职工困难补贴、救济费、职工食堂经费补贴、职工交通补贴等。

根据《国家税务总局关于企业工资薪金和职工福利费等支出税前扣除问题的公告》（国家税务总局公告 2015 年第 34 号）的规定，列入企业员工工资薪金制度、固定与工资薪金一起发放的福利性补贴，符合《国家税务总局关于企业工资薪金及职工福利费扣除问题的通知》（国税函〔2009〕3 号）第一条规定的，可作为企业发生的工资薪金支出，按规定在税前扣除。因此，您公司向职工发放的高温补贴应作为职工福利费，在企业所得税税前限额扣除；但如果高温补贴列入企业员工工资薪金制度、固定与工资薪金一起发放，且符合国税函〔2009〕3 号文件第一条关于工资薪金的规定，可以作为工资薪金支出，按规定在税前扣除。

320. 公司发生委托出口业务，是否需要申请和报送《委托出口货物证明》?

徐箐指导：根据《国家税务总局关于出口退（免）税有关问题的公告》（国家税务总局公告 2015 年第 29 号）的规定，委托出口的货物，除国家取消出口退税的货物外，委托方不再向主管国税机关报送《委托出口货物证明》，此前未报送《委托出口货物证明》的不再报送；受托方申请开具《代理出口货物证明》时，不再提供委托方主管国税机关签章的《委托出口货物证明》。因此，您公司上述委托出口业务，不需要报送《委托出口货物证明》。

321. 现在办理出口退（免）税资格认定，是否需要提供银行开户许可证？

徐箐指导：根据《国家税务总局关于出口退（免）税有关问题的公告》（国家税务总局公告 2015 年第 29 号）的规定，出口企业或其他单位办理出口退（免）税资格认定时，《出口退（免）税资格认定申请表》中的“退税开户银行账号”从税务登记的银行账号中选择一个填报，不再向主管国税机关提供银行开户许可证。因此，目前办理出口退（免）税资格认定，不再要求提供银行开户许可证。

322. 建筑企业总机构直接管理的跨地区设立的项目部，在项目所在地如何预缴企业所得税？

徐箐指导：根据《国家税务总局关于跨地区经营建筑企业所得税征收管理问题的通知》（国税函〔2010〕156 号）的规定，建筑企业总机构直接管理的跨地区设立的项目部，应按项目实际经营收入的 0.2% 按月或按季由总机构向项目所在地预分企业所得税，并由项目部向所在地主管税务机关预缴。

323. 房地产开发企业采取银行按揭方式销售开发产品的，企业所得税上如何确定销售收入？

徐箐指导：根据《房地产开发经营业务企业所得税处理办法》（国税发〔2009〕31 号）第六条规定，采取银行按揭方式销售开发产品的，应按销售合同或协议约定的价款确定收入额，其首付款应于实际收到日确认收入的实现，余款在银行按揭贷款办理转账之日确认收入的实现。

324. 房地产开发企业将开发的住宅用于奖励员工，是否需要缴纳企业所得税?

徐箐指导：需要计算缴纳企业所得税。根据《房地产开发经营业务企业所得税处理办法》（国税发〔2009〕31号）第七条的规定，企业将开发产品用于捐赠、赞助、职工福利、奖励、对外投资、分配给股东或投资人、抵偿债务、换取其他企事业单位和个人的非货币性资产等行为，应视同销售，于开发产品所有权或使用权转移，或于实际取得利益权利时确认收入（或利润）的实现。确认收入（或利润）的方法和顺序为：

（1）按本企业近期或本年度最近月份同类开发产品市场销售价格确定；

（2）由主管税务机关参照当地同类开发产品市场公允价值确定；

（3）按开发产品的成本利润率确定。开发产品的成本利润率不得低于15%，具体比例由主管税务机关确定。

325. 向境外关联方支付的劳务费，企业进行税前扣除时有哪些注意事项?

徐箐指导：根据《国家税务总局关于企业向境外关联方支付费用有关企业所得税问题的公告》（国家税务总局公告2015年第16号）的规定，依据企业所得税法第四十三条，企业向境外关联方支付费用，主管税务机关可以要求企业提供其与关联方签订的合同或者协议，以及证明交易真实发生并符合独立交易原则的相关资料备案。

企业因接受境外关联方提供劳务而支付费用，该劳务应当能够使企业获得直接或者间接经济利益。企业因接受下列劳务而向境外关联方支付的费用，在计算企业应纳税所得额时不得扣除。

（1）与企业承担功能风险或者经营无关的劳务活动；

（2）关联方为保障企业直接或者间接投资方的投资利益，对企业实施的控制、管理和监督等劳务活动；

（3）关联方提供的，企业已经向第三方购买或者已经自行实施的劳务活动；

（4）企业虽由于附属于某个集团而获得额外收益，但并未接受集团内关联方实施的针对该企业的具体劳务活动；

（5）已经在其他关联交易中获得补偿的劳务活动；

（6）其他不能为企业带来直接或者间接经济利益的劳务活动。

根据上述规定，您公司向境外关联方支付费用时，应准备其与关联方签订的合同或协议，以及证明交易真实发生并符合独立交易原则的相关资料并结合实际情况确定税前扣除事项。

326. 单位纳税人支付的增值税税控系统的技术维护费，是否要缴纳企业所得税？

徐箐指导：根据《财政部、国家税务总局关于专项用途财政性资金企业所得税处理问题的通知》（财税〔2011〕70 号）第一条的规定，企业从县级以上各级人民政府财政部门及其他部门取得的应计入收入总额的财政性资金，凡同时符合以下条件的，可以作为不征税收入，在计算应纳税所得额时从收入总额中减除：①企业能够提供规定资金专项用途的资金拨付文件；②财政部门或其他拨付资金的政府部门对该资金有专门的资金管理办法或具体管理要求；③企业对该资金以及以该资金发生的支出单独进行核算。因此，全额抵减增值税应纳税额的技术维护费不属于可以作为不征税收入的财政性资金，应计入企业当年收入总额，计算缴纳企业所得税。

327. 哪些类型的企业所得税不能实行核定征收方式？

徐箐指导：根据《国家税务总局关于印发〈企业所得税核定征收办法（试行）〉的通知》（国税发〔2008〕30 号）、《国家税务总局关于企业所得税核定征收若干问题的通知》（国税函〔2009〕377 号）、《国家税务总局关于企业所得税核定征收有关问题的公告》（国家税务总局公告 2012 年第 27 号）的相关规定，下列企业的所得税不得实行核定征收方式：①享受《中华人民共和国企业所得税法》及其实施条例和国务院规定的一项或几项企业所得税优惠政策的企业（仅享受《中华人民共和国企业所得税法》第二十六条规定免税收入优惠政策的企业和国家另有规定的除外）；②汇总纳税企业；③上市公司；④金融企业：包括银行、信用社、小额贷款公司、保险公司、证券公司、期货公司、信托投资公司、金融资产管理公司、融资租赁公司、担保公司、财务公司、典当公司等金融企业；⑤社会中介机构：包括会计、审计、资产评估、税务、房地产估价、土地估价、工程造价、律师、价格鉴证、公证机构、基层法律服务机构、专利代理、商标代理以及其他经济鉴证类的社会中介机构；⑥从事房地产开发的企业；⑦“一定规模”的企业：上年度企业所得税应税收入超过一定规模的企业，特殊情况除外；⑧专门从事股权（股票）投资业务的企业；⑨其他不符合核定征收条件的企业。

328. 公司向员工发放的福利补贴，如何才能列入工资薪金进行企业所得税税前扣除？

徐箐指导：根据《国家税务总局关于企业工资薪金和职工福

利费等支出税前扣除问题的公告》（国家税务总局公告 2015 年第 34 号）的规定，列入企业员工工资薪金制度、固定与工资薪金一起发放的福利性补贴，符合《国家税务总局关于企业工资薪金及职工福利费扣除问题的通知》（国税函〔2009〕3 号）第一条规定的，可作为企业发生的工资薪金支出，按规定在税前扣除。不能同时符合上述条件的福利性补贴，应作为国税函〔2009〕3 号文件第三条规定的职工福利费，按规定计算限额税前扣除。因此，您公司向员工发放的福利补贴，如果列入企业员工工资薪金制度、固定与工资薪金一起发放，且符合国税函〔2009〕3 号文件第一条关于工资薪金的规定，可以列入工资薪金支出进行税前扣除，如不符合，应作为职工福利费支出税前扣除。

329. 企业 2016 年 8 月支付的房租费未取得发票，请问在申报季度企业所得税时，是否可以按照发生额计算缴纳企业所得税？

徐箐指导：可以先按照实际支付房租费计算缴纳企业所得税。根据《国家税务总局关于企业所得税若干问题的公告》（国家税务总局公告 2011 年第 34 号）第六条的规定，企业当年度实际发生的相关成本、费用，由于各种原因未能及时取得该成本、费用的有效凭证，企业在预缴季度所得税时，可暂按账面发生金额进行核算；但在汇算清缴时，应补充提供该成本、费用的有效凭证。

330. 企业安置残疾人就业的同时还安置下岗失业人员就业，企业所得税的优惠政策可以同时享受吗？

徐箐指导：不能同时享受，可以选择适用最优惠的政策。根据《财政部、国家税务总局关于促进残疾人就业税收优惠政策的通知》（财税〔2007〕92 号）第一条第五款的规定，如果既适用促进残疾人就业税收优惠政策，又适用下岗再就业、军转干部、随军家属等支持就业的税收优惠政策的，单位可选择适用最优惠的政策，但不能累加执行。

331. 企业租用法定代表人的车发生的相关费用，是否可以在企业所得税税前扣除？

徐箐指导：根据《中华人民共和国企业所得税法》（中华人民共和国主席令第 63 号）第八条的规定，企业实际发生的与取得收入有关的、合理的支出，包括成本、费用、税金、损失和其他支出，准予在计算应纳税所得额时扣除。

所以，如企业与法定代表人之间签订租赁合同的，企业实际支付租金后凭租金发票和其他合法凭证可以税前扣除租金及合同约定的其他相关费用。

332. 企业为员工购买统一的工作服费用，是否可以在企业所得税税前扣除？

徐箐指导：根据《国家税务总局关于企业所得税若干问题的公告》（国家税务总局公告 2011 年第 34 号）第二条的规定，企业根据其工作性质和特点，由企业统一制作并要求员工工作时统一着装所发生的工作服饰费用，根据《实施条例》第二十七条的规定，可以作为企业合理的支出给予税前扣除。

333. 有限公司从合伙企业分得的合伙收益，是否需要确认企业所得税收入？

徐箐指导：需要确认企业所得税收入。根据《财政部、国家税务总局关于合伙企业合伙人所得税问题的通知》（财税〔2008〕159 号）第二条的规定，合伙企业以每一个合伙人为纳税义务人。合伙企业合伙人是自然人的，缴纳个人所得税；合伙人是法人和其他组织的，缴纳企业所得税。

334. 企业对外投资而取得的投资收益何时确认企业所得税收入？

徐箐指导：根据《国家税务总局关于贯彻落实企业所得税法若干税收问题的通知》（国税函〔2010〕79 号）第四条第一款的规定，企业权益性投资取得股息、红利等收入，应以被投资企业股东会或股东大会作出利润分配或转股决定的日期，确定收入的实现。

335. 纳税人核算固定资产折旧年限短于税法规定的最低年限，已经计提进入损益的折旧额是否需要作纳税调增处理？

徐箐指导：根据《国家税务总局关于企业所得税应纳税所得额若干问题的公告》（国家税务总局公告 2014 年第 29 号）第五条第（一）款的规定，企业固定资产会计折旧年限如果短于税法规定的最低折旧年限，其按会计折旧年限计提的折旧高于按税法规定的最低折旧年限计提的折旧部分，应调增当期应纳税所得额。

336. 纳税人购买农产品后直接销售，是否可以享受免征企业所得税的优惠政策？

徐箐指导：根据《国家税务总局关于实施农、林、牧、渔业项目企业所得税优惠问题的公告》（国家税务总局公告 2011 年第 48 号）第十条的规定，企业购买农产品后直接进行销售的贸易活动产生的所得，不能享受农、林、牧、渔业项目的税收优惠政策。

337. 享受税收优惠的高新技术企业应该留存哪些资料待税务机关备查？

徐箐指导：根据《国家税务总局关于实施高新技术企业所得税优惠政策有关问题的公告》（国家税务总局公告 2017 年第 24 号）第三条的规定，享受税收优惠的高新技术企业，每年汇算清缴时应按照《国家税务总局关于发布〈企业所得税优惠政策事项办理办法〉的公告》（国家税务总局公告 2015 年第 76 号）规定向税务机关提交企业所得税优惠事项备案表、高新技术企业资格证书履行备案手续，同时妥善保管以下资料留存备查：

（1）高新技术企业资格证书；

（2）高新技术企业认定资料；

（3）知识产权相关材料；

（4）年度主要产品（服务）发挥核心支持作用的技术属于《国家重点支持的高新技术领域》规定范围的说明，高新技术产品（服务）及对应收入资料；

（5）年度职工和科技人员情况证明材料；

（6）当年和前两个会计年度研发费用总额及占同期销售收入比例、研发费用管理资料以及研发费用辅助账，研发费用结构明细表（具体格式见《工作指引》附件 2）；

(7) 省税务机关规定的其他资料。

338. 小型微利企业的年应纳税所得额上限由30万元提高至50万元，从什么时间开始执行？

徐箐指导：根据《财政部、国家税务总局关于扩大小型微利企业所得税优惠政策范围的通知》(财税〔2017〕43号)的规定，自2017年1月1日至2019年12月31日，将小型微利企业的年应纳税所得额上限由30万元提高至50万元，对年应纳税所得额低于50万元(含50万元)的小型微利企业，其所得减按50%计入应纳税所得额，按20%的税率缴纳企业所得税。

339. 小型微利企业享受企业所得税优惠政策的基本条件是什么？

徐箐指导：根据《财政部、国家税务总局关于扩大小型微利企业所得税优惠政策范围的通知》(财税〔2017〕43号)的规定，小型微利企业，是指从事国家非限制和禁止行业，并符合下列条件的企业：

(1) 工业企业，年度应纳税所得额不超过50万元，从业人数不超过100人，资产总额不超过3000万元；

(2) 其他企业，年度应纳税所得额不超过50万元，从业人数不超过80人，资产总额不超过1000万元。

第二规定：本通知第一条所称从业人数，包括与企业建立劳动关系的职工人数和企业接受的劳务派遣用工人数。

所称从业人数和资产总额指标，应按企业全年的季度平均值确定。具体计算公式如下：

季度平均值 =(季初值 + 季末值) ÷ 2

全年季度平均值＝全年各季度平均值之和÷4

年度中间开业或者终止经营活动的，以其实际经营期作为一个纳税年度确定上述相关指标。

340. 企业支付的差旅费中人身意外保险费，是否可以在企业所得税税前扣除？

徐箐指导：根据《国家税务总局关于企业所得税有关问题的公告》（国家税务总局公告2016年第80号）第一条关于企业差旅费中人身意外保险费支出税前扣除问题的规定，企业职工因公出差乘坐交通工具发生的人身意外保险费支出，准予企业在计算应纳税所得额时扣除。

341. 企业移送资产所得应该按照什么价格确定销售收入？

徐箐指导：根据《国家税务总局关于企业所得税有关问题的公告》（国家税务总局公告2016年第80号）第二条企业移送资产所得税处理问题的规定，企业发生《国家税务总局关于企业处置资产所得税处理问题的通知》（国税函〔2008〕828号）第二条规定情形的，除另有规定外，应按照被移送资产的公允价值确定销售收入。

施行时间：本公告适用于2016年度及以后年度企业所得税汇算清缴。

342. 企业重组过程中，如何确定重组的当事方？

徐箐指导：根据《国家税务总局关于企业重组业务企业所得税征收管理若干问题的公告》（国家税务总局公告2015年第48号）第一条的规定：按照重组类型，企业重组的当事各方是指：

（1）债务重组中当事各方，指债务人、债权人。

（2）股权收购中当事各方，指收购方、转让方及被收购企业。

（3）资产收购中当事各方，指收购方、转让方。

（4）合并中当事各方，指合并企业、被合并企业及被合并企业股东。

（5）分立中当事各方，指分立企业、被分立企业及被分立企业股东。

上述重组交易中，股权收购中转让方、合并中被合并企业股东和分立中被分立企业股东，可以是自然人。

当事各方中的自然人应按个人所得税的相关规定进行税务处理。

343. 重组企业适用特殊性税务处理如何确定重组主导方？

徐箐指导：根据《国家税务总局关于企业重组业务企业所得税征收管理若干问题的公告》（国家税务总局公告 2015 年第 48 号）第二条的规定，重组当事各方企业适用特殊性税务处理的（指重组业务符合财税〔2009〕59 号文件和财税〔2014〕109 号文件第一条、第二条规定条件并选择特殊性税务处理的），应按以下规定确定重组主导方：

（1）债务重组，主导方为债务人。

（2）股权收购，主导方为股权转让方，涉及两个或两个以上股权转让方，由转让被收购企业股权比例最大的一方作为主导方（转让股权比例相同的可协商确定主导方）。

（3）资产收购，主导方为资产转让方。

（4）合并，主导方为被合并企业，涉及同一控制下多家被合并企业的，以净资产最大的一方为主导方。

（5）分立，主导方为被分立企业。

344. 如何界定税法中的“重组业务完成当年”？

徐箐指导：根据《国家税务总局关于企业重组业务企业所得税征收管理若干问题的公告》（国家税务总局公告2015年第48号）的规定，财税〔2009〕59号文件第十一条所称重组业务完成当年，是指重组日所属的企业所得税纳税年度。

企业重组日的确定，按以下规定处理：

（1）债务重组，以债务重组合同（协议）或法院裁定书生效日为重组日。

（2）股权收购，以转让合同（协议）生效且完成股权变更手续日为重组日。关联企业之间发生股权收购，转让合同（协议）生效后12个月内尚未完成股权变更手续的，应以转让合同（协议）生效日为重组日。

（3）资产收购，以转让合同（协议）生效且当事各方已进行会计处理的日期为重组日。

（4）合并，以合并合同（协议）生效、当事各方已进行会计处理且完成工商新设登记或变更登记日为重组日。按规定不需要办理工商新设或变更登记的合并，以合并合同（协议）生效且当事各方已进行会计处理的日期为重组日。

（5）分立，以分立合同（协议）生效、当事各方已进行会计处理且完成工商新设登记或变更登记日为重组日。

345. 企业重组业务适用特殊性税务处理应向税务机关提供哪些内容的说明？

徐箐指导：根据《国家税务总局关于企业重组业务企业所得税

税征收管理若干问题的公告》（国家税务总局公告 2015 年第 48 号）第五条的规定，企业重组业务适用特殊性税务处理的，申报时，应从以下方面逐条说明企业重组具有合理的商业目的：

（1）重组交易的方式；

（2）重组交易的实质结果；

（3）重组各方涉及的税务状况变化；

（4）重组各方涉及的财务状况变化；

（5）非居民企业参与重组活动的情况。

346. 非居民企业通过实施不具有合理商业目的的安排，间接转让中国居民企业股权如何处理？

徐箐指导：根据《国家税务总局关于非居民企业间接转让财产企业所得税若干问题的公告》（国家税务总局公告 2015 年第 7 号）第一条的规定，非居民企业通过实施不具有合理商业目的的安排，间接转让中国居民企业股权等财产，规避企业所得税纳税义务的，应按照企业所得税法第四十七条的规定，重新定性该间接转让交易，确认为直接转让中国居民企业股权等财产。

本公告所称中国居民企业股权等财产，是指非居民企业直接持有，且转让取得的所得按照中国税法规定，应在中国缴纳企业所得税的中国境内机构、场所财产，中国境内不动产，在中国居民企业的权益性投资资产等。

间接转让中国应税财产，是指非居民企业通过转让直接或间接持有中国应税财产的境外企业（不含境外注册中国居民企业，以下简称“境外企业”）股权及其他类似权益（以下简称“股权”），产生与直接转让中国应税财产相同或相近实质结果的交易，包括非居民企业重组引起境外企业股东发生变化的情形。间接转让中国应税财产的非居民企业称为股权转让方。

347. 税务机关如何判断非居民企业间接转让财产是具有合理商业目的?

徐箐指导：根据《国家税务总局关于非居民企业间接转让财产企业所得税若干问题的公告》（国家税务总局公告 2015 年第 7 号）第三条的规定：判断合理商业目的，应整体考虑与间接转让中国应税财产交易相关的所有安排，结合实际情况综合分析以下相关因素：

（1）境外企业股权主要价值是否直接或间接来自中国应税财产；

（2）境外企业资产是否主要由直接或间接在中国境内的投资构成，或其取得的收入是否主要直接或间接来源于中国境内；

（3）境外企业及直接或间接持有中国应税财产的下属企业实际履行的功能和承担的风险是否能够证实企业架构具有经济实质；

（4）境外企业股东、业务模式及相关组织架构的存续时间；

（5）间接转让中国应税财产交易在境外应缴纳所得税情况；

（6）股权转让方间接投资、间接转让中国应税财产交易与直接投资、直接转让中国应税财产交易的可替代性；

（7）间接转让中国应税财产所得在中国可适用的税收协定或安排情况；

（8）其他相关因素。

348. 居民企业以非货币性资产对外投资获得的转让所得，应该如何申报纳税？

徐箐指导：根据《财政部、国家税务总局关于非货币性资产投资企业所得税政策问题的通知》（财税〔2014〕116 号）第一条的规定，居民企业以非货币性资产对外投资确认的非货币性资产转让所得，可在不超过 5 年期限内，分期均匀计入相应年度的应纳税所得额，按规定计算缴纳企业所得税。

349. 企业以非货币性资产对外投资而取得被投资企业的股权，如何确定计税成本？

徐箐指导：根据《财政部、国家税务总局关于非货币性资产投资企业所得税政策问题的通知》（财税〔2014〕116 号）的规定，企业以非货币性资产对外投资而取得被投资企业的股权，应以非货币性资产的原计税成本为计税基础，加上每年确认的非货币性资产转让所得，逐年进行调整。

被投资企业取得非货币性资产的计税基础，应按非货币性资产的公允价值确定。

注意：这里强调的是原计税成本为计税基础。

350. 企业在对外投资 5 年内转让股权或投资收回的，是否要停止执行递延纳税政策？

徐箐指导：根据《财政部、国家税务总局关于非货币性资产投资企业所得税政策问题的通知》（财税〔2014〕116 号）第四条的规定，企业在对外投资 5 年内转让上述股权或投资收回的，应停止执行递延纳税政策，并就递延期内尚未确认的非货币性资产转让所得，在转让股权或投资收回当年的企业所得税年度汇算清缴时，一次性计算缴纳企业所得税；企业在计算股权转让所得时，可按本通知第三条第一款规定将股权的计税基础一次调整到位。

企业在对外投资 5 年内注销的，应停止执行递延纳税政策，并就递延期内尚未确认的非货币性资产转让所得，在注销当年的企业所得税年度汇算清缴时，一次性计算缴纳企业所得税。

351. 境外投资者以分配利润直接投资暂不征收预提所得税是针对哪些业务?

徐箐指导：根据《国家税务总局关于境外投资者以分配利润直接投资暂不征收预提所得税政策有关执行问题的公告》（国家税务总局公告 2018 年第 3 号）第一条的规定，《通知》（指财税〔2017〕88 号通知，下同）第二条第（四）项规定的经营活动具体包括下列与鼓励类投资项目相关的一项或多项经济活动：

（1）生产产品或提供服务；

（2）研发活动；

（3）投资建设工程或购置机器设备；

（4）其他经营活动。

境外投资者应在收回享受暂不征税政策的投资前或者按照《通知》第七条规定申报补缴税款时，向利润分配企业主管税务机关提供符合《通知》第二条第（四）项规定的交易证据、财务会计核算数据等资料。主管税务机关对相关资料有疑问的，提请地（市）税务机关按照《通知》第六条规定处理。

352. 境外投资者以分配利润直接投资暂不征收预提所得税应向税务机关报送哪些资料?

徐箐指导：根据《国家税务总局关于境外投资者以分配利润

直接投资暂不征收预提所得税政策有关执行问题的公告》（国家税务总局公告 2018 年第 3 号）第三条的规定，境外投资者按照《通知》（指财税〔2017〕88 号通知，下同）第三条规定享受暂不征税政策时，应当填写《非居民企业递延缴纳预提所得税信息报告表》，并提交给利润分配企业。

境外投资者按照《通知》第五条规定追补享受暂不征税政策时，应向利润分配企业主管税务机关提交《非居民企业递延缴纳预提所得税信息报告表》以及相关合同、支付凭证、与鼓励类投资项目活动相关的资料以及省税务机关规定要求报送的其他资料。

境外投资者按照《通知》第四条或者第七条规定补缴税款时，应当填写《中华人民共和国扣缴企业所得税报告表》，并提交给利润分配企业主管税务机关。

353. 企业境外已申报缴纳企业所得税，在境内应如何进行抵免？

徐箐指导：根据《财政部、国家税务总局关于完善企业境外所得税收抵免政策问题的通知》（财税〔2017〕84 号）第一条的规定，企业可以选择按国（地区）别分别计算［即“分国（地区）不分项”］，或者不按国（地区）别汇总计算［即“不分国（地区）不分项”］其来源于境外的应纳税所得额，并按照财税〔2009〕125 号文件第八条规定的税率，分别计算其可抵免境外所得税税额和抵免限额。上述方式一经选择，5 年内不得改变。

企业选择采用不同于以前年度的方式（以下简称“新方式”）计算可抵免境外所得税税额和抵免限额时，对该企业以前年度按照财税〔2009〕125 号文件规定没有抵免完的余额，可在税法规定结转的剩余年限内，按新方式计算的抵免限额中继续结转抵免。

354. 企业在境外取得的股息所得，如何确定可抵免所得税额？

徐箐指导：根据《财政部、国家税务总局关于完善企业境外所得税收抵免政策问题的通知》（财税〔2017〕84 号）第二条的规定：企业在境外取得的股息所得，在按规定计算该企业境外股息所得的可抵免所得税额和抵免限额时，由该企业直接或者间接持有 20% 以上股份的外国企业，限于按照财税〔2009〕125 号文件第六条规定的持股方式确定的五层外国企业，即：

第一层：企业直接持有 20% 以上股份的外国企业；

第二层至第五层：单一上一层外国企业直接持有 20% 以上股份，且由该企业直接持有或通过一个或多个符合财税〔2009〕125 号文件第六条规定持股方式的外国企业间接持有总和达到 20% 以上股份的外国企业。

355. 企业以前年度购买原材料没有取得票据，以后年度取得票据是否可以在取得票据年度税前扣除？

徐箐指导：不可以扣除。根据《国家税务总局关于企业所得税若干问题的公告》（国家税务总局公告 2011 年第 34 号）第六条的规定，企业当年度实际发生的相关成本、费用，由于各种原因未能及时取得该成本、费用的有效凭证，企业在预缴季度所得税时，可暂按账面发生金额进行核算；但在汇算清缴时，应补充提供该成本、费用的有效凭证。

根据《国家税务总局公告》（2011 年第 15 号）第六条的规定，关于以前年度发生应扣未扣支出的税务处理问题根据《中华人民共和国税收征收管理法》的有关规定，对企业发现以前年度实际发生的、按照税收规定应在企业所得税前扣除而未扣除或者少扣除的支出，企业做出专项申报及说明后，准予追补至该项目发生年度计算扣除，但追补确认期限不得超过 5 年。

注意：企业所得税主要强调配比原则，即：当年收入必须配比当年的收入。

356. 股东注册资本已经实缴到位，并且申请了 3 个专利后要进行股权转让，如何确定股权转让收入？

徐箐指导：根据《国家税务总局关于发布的公告》（国家税务总局公告 2014 年第 67 号）第十条、第十一条和第十二条、十四条的规定，税务机关应依次按照所列方法核定股权转让收入的第一项为净资产核定法：股权转让收入按照每股净资产或股权对应的净资产份额核定。被投资企业的土地使用权、房屋、房地产企业未销售房产、知识产权、探矿权、采矿权、股权等资产占企业总资产比例超过 20% 的，主管税务机关可参照纳税人提供的具有法定资质的中介机构出具的资产评估报告核定股权转让收入。

注意：无形资产跟是否授权无关，都应纳入评估范围。

357. 企业注销清算，清算期职工工资是否可以在企业所得税税前扣除？

徐箐指导：根据《财政部、国家税务总局关于企业清算业务企业所得税处理若干问题的通知》（财税〔2009〕60 号）第一条的规定，企业清算的所得税处理，是指企业在不再持续经营，发生结束自身业务、处置资产、偿还债务以及向所有者分配剩余财产等经济行为时，对清算所得、清算所得税、股息分配等事项的处理。

第五条规定：企业全部资产的可变现价值或交易价格减除清算费用，职工的工资、社会保险费用和法定补偿金，结清清算所得税、以前年度欠税等税款，清偿企业债务，按规定计算可以向所有者分配的剩余资产。故此，企业注销清算期职工工资可以在企业所得税税前扣除。

358. 被清算企业累计未分配利润和累计盈余公积，是否需确认为股息所得申报纳税？

徐箐指导：根据《财政部、国家税务总局关于企业清算业务企业所得税处理若干问题的通知》（财税〔2009〕60 号）第五条的规定：企业全部资产的可变现价值或交易价格减除清算费用，职工的工资、社会保险费用和法定补偿金，结清清算所得税、以前年度欠税等税款，清偿企业债务，按规定计算可以向所有者分配的剩余资产。

被清算企业的股东分得的剩余资产的金额，其中相当于被清算企业累计未分配利润和累计盈余公积中按该股东所占股份比例计算的部分，应确认为股息所得；剩余资产减除股息所得后的余额，超过或低于股东投资成本的部分，应确认为股东的投资转让所得或损失。

被清算企业的股东从被清算企业分得的资产应按可变现价值或实际交易价格确定计税基础。

359. 企业清算的所得税处理包括哪些内容？

徐箐指导：根据《财政部、国家税务总局关于企业清算业务企业所得税处理若干问题的通知》（财税〔2009〕60 号）第三条的规定：企业清算的所得税处理包括以下内容：

（1）全部资产均应按可变现价值或交易价格，确认资产转让所得或损失；

（2）确认债权清理、债务清偿的所得或损失；

（3）改变持续经营核算原则，对预提或待摊性质的费用进行处理；

（4）依法弥补亏损，确定清算所得；

（5）计算并缴纳清算所得税；

（6）确定可向股东分配的剩余财产、应付股息等。

360. 哪些企业需要进行清算的所得税处理？

徐箐指导：根据《财政部、国家税务总局关于企业清算业务企业所得税处理若干问题的通知》（财税〔2009〕60号）第二条的规定，下列企业应进行清算的所得税处理：

（1）按《公司法》《企业破产法》等规定需要进行清算的企业；

（2）企业重组中需要按清算处理的企业。

361. 企业每年年末预提的职工奖金，能否在企业所得税税前扣除？

徐箐指导：根据《国家税务总局关于企业工资薪金及职工福利费扣除问题的通知》（国税函〔2009〕3号）的规定，《实施条例》第三十四条所称的“合理工资薪金”，是指企业按照股东大会、董事会、薪酬委员会或相关管理机构制定的工资薪金制度规定实际发放给员工的工资薪金。

《国家税务总局关于企业工资薪金和职工福利费等支出税前

扣除问题的公告》（国家税务总局公告 2015 年第 34 号）第二条的规定，企业在年度汇算清缴结束前向员工实际支付的已预提汇缴年度工资薪金，准予在汇缴年度按规定扣除。

因此，企业预提的职工奖金在汇算清缴结束前实际发放给员工的，允许在汇算清缴年度税前扣除。

362. 在职工食堂招待客户的伙食费，能否在企业所得税税前扣除？

徐箐指导：根据《国家税务总局关于企业工资薪金及职工福利费扣除问题的通知》（国税函〔2009〕3 号）第三条的规定，《实施条例》第四十条规定的企业职工福利费，包括以下内容：

（1）尚未实行分离办社会职能的企业，其内设福利部门所发生的设备、设施和人员费用，包括职工食堂、职工浴室、理发室、医务所、托儿所、疗养院等集体福利部门的设备、设施及维修保养费用和福利部门工作人员的工资薪金、社会保险费、住房公积金、劳务费等。

（2）为职工卫生保健、生活、住房、交通等所发放的各项补贴和非货币性福利，包括企业向职工发放的因公外地就医费用、未实行医疗统筹企业职工医疗费用、职工供养直系亲属医疗补贴、供暖费补贴、职工防暑降温费、职工困难补贴、救济费、职工食堂经费补贴、职工交通补贴等。

（3）按照其他规定发生的其他职工福利费，包括丧葬补助费、抚恤费、安家费、探亲假路费等。

所以，企业在职工食堂招待客户的伙食费用，不可以计入职工福利费，而应该计入业务招待费在企业所有税税前扣除。

注意：必须是与经营有关的业务招待。

363. 企业支付员工大病医疗保险，能否在企业所得税税前扣除？

徐箐指导：根据《企业所得税法实施条例》第三十五条的规定，企业依照国务院有关主管部门或者省级人民政府规定的范围和标准为职工缴纳的基本养老保险费、基本医疗保险费、失业保险费、工伤保险费、生育保险费等基本社会保险费和住房公积金，准予扣除。第三十六条规定，除企业依照国家有关规定为特殊工种职工支付的人身安全保险费和国务院财政、税务主管部门规定可以扣除的其他商业保险费外，企业为投资者或者职工支付的商业保险费，不得扣除。

由此，企业支付员工大病医疗保险不能在企业所得税税前扣除。

364. 企业为员工报销以前年度医疗费，能否在企业所得税税前扣除？

徐箐指导：根据《国家税务总局关于企业所得税应纳税所得额若干税务处理问题的公告》（国家税务总局公告 2012 年第 15 号）第六条的规定，根据《中华人民共和国税收征收管理法》的有关规定，对企业发现以前年度实际发生的、按照税收规定应在企业所得税前扣除而未扣除或者少扣除的支出，企业做出专项申报及说明后，准予追补至该项目发生年度计算扣除，但追补确认期限不得超过 5 年。

由此，企业报销以前年度员工医疗费应追补至医疗费发生年度计算企业所得税税前扣除，追补确认期限不得超过 5 年。

365. 企业未按期缴纳社会保险，支付社保局利息费是否可在企业所得税税前扣除？

徐箐指导：根据《企业所得税法》（主席令第 63 号）的规定，企业实际发生的与取得收入有关的、合理的支出，包括成本、费用、税金、损失和其他支出，准予在计算应纳税所得额时扣除。因此，企业未按期缴纳社会保险而被社保局征收的利息费，可以在企业所得税税前扣除。

366. 企业将自产的产品用于职工奖励或福利，是否需要视同销售确认收入？

徐箐指导：根据《国家税务总局关于企业处置资产所得税处理问题的通知》（国税函〔2008〕828 号）的规定，企业将资产移送他人的下列情形，因资产所有权属已发生改变而不属于内部处置资产，应按规定视同销售确定收入：

（1）用于市场推广或销售；

（2）用于交际应酬；

（3）用于职工奖励或福利；

（4）用于股息分配；

（5）用于对外捐赠；

（6）其他改变资产所有权属的用途。

由此，企业自产的货物用于职工奖励，需视同销售确认收入。

367. 符合固定资产加速折旧政策的纳税人，是否可以自由选择企业所得税优惠政策？

徐箐指导：根据《财政部、国家税务总局关于进一步完善固定资产加速折旧企业所得税政策的通知》（财税〔2015〕106 号）

第三条第二款的规定，按照企业所得税法及其实施条例有关规定，企业根据自身生产经营需要，也可选择不实行加速折旧政策。

368. 新设立跨省经营的二级分支机构，需要在经营地分摊企业所得税吗？

徐箐指导：不需要。根据《国家税务总局关于印发〈跨地区经营汇总纳税企业所得税征收管理办法〉的公告》（国家税务总局公告 2012 年第 57 号）第五条的规定，新设立的二级分支机构，设立当年不就地分摊缴纳企业所得税。

369. 没有职工食堂的公司，向员工直接发放的现金伙食费，是作为工资薪金还是职工福利费在税前扣除？

徐箐指导：根据《中华人民共和国企业所得税法实施条例》第三十四条的规定，工资薪金是指企业每一纳税年度支付给在本企业任职或者受雇的员工的所有现金形式或者非现金形式的劳动报酬，包括基本工资、奖金、津贴、补贴、年终加薪、加班工资，以及与员工任职或者受雇有关的其他支出。《国家税务总局关于企业工资薪金及福利费扣除问题的通知》（国税函〔2009〕3 号）关于工资薪金及福利费范围也做了规定。所以，对于没有职工食堂且符合以上规定的公司，直接以货币形式发放给员工的伙食费，不属于职工福利费范畴，应并入工资薪金在企业所得税前扣除。

370. 发生的与研发活动有关的差旅费、会议费可享受加计扣除政策吗？

徐箐指导：在规定限额内可以扣除。根据《财政部、国家税务总局、科技部关于完善研究开发费用税前加计扣除政策的通知》（财税〔2015〕119 号）中关于允许加计扣除的研发费用的规定，其他相关费用是指与研发活动直接相关的其他费用，如技术图书资料费、资料翻译费、专家咨询费、高新科技研发保险费，研发成果的检索、分析、评议、论证、鉴定、评审、评估、验收费用，知识产权的申请费、注册费、代理费，差旅费、会议费等。此项费用总额不得超过可加计扣除研发费用总额的 10%。

371. 企业能否选择不实行加速折旧政策?

徐箐指导：根据《财政部、国家税务总局关于进一步完善固定资产加速折旧企业所得税政策的通知》（财税〔2015〕106 号）第三条的规定，按照企业所得税法及其实施条例有关规定，企业根据自身生产经营需要，也可选择不实行加速折旧政策。

所以，是可以的。

372. 员工的私人汽车用于公司业务所发生的相关费用，能否在企业所得税税前扣除?

徐箐指导："私车公用"可视为企业租入固定资产，但用于汽车的流动性和功能性与其他固定资产不同，对其所涉及的费用必须分清是个人消费还是企业消费。所以双方应签订租赁合同，合同约定的条款必须明确车辆的使用情况及费用分摊方式，其次企业必须建立严格的车辆使用制度，对车辆的使用原因、时间、地点、使用人员等进行规范，分清个人消费还是企业消费，属于个人消费部分和保险费、车船税、折旧费等固定成本不得税前扣除，属于企业消费部分相关的汽油费、过路过桥费、停车费、维修费等运营成本可以税前扣除。

373. 企业可否自行出具《企业所得税汇算清缴鉴证报告》?

徐箐指导：企业所得税汇算清缴鉴证报告，是由第三方中介机构按照国家法律法规及其有关规定，本着独立、客观、公正的原则，对所鉴证的企业所得税纳税申报表的真实性和准确性在进行职业判断和必要的审核程序的基础上，发表的鉴证意见。涉税鉴证服务是市场经济活动的重要内容，是社会中介组织的主要业务之一，企业不可自行出具《企业所得税汇算清缴鉴证报告》。

委托中介机构代理纳税申报的，应出具双方签订的代理合同，并附送中介机构出具的包括纳税调整的项目、原因、依据、计算过程、调整金额等内容的报告。

委托中介机构对企业纳税情况的真实性合法性进行鉴证的，可附送中介机构出具的企业所得税汇算清缴鉴证报告。

374. 合伙人投资多个有限合伙制创业投资企业，应当如何计算可以抵扣的应纳税所得额?

徐箐指导：根据《国家税务总局关于有限合伙制创业投资企业法人合伙人企业所得税有关问题的公告》（国家税务总局公告 2015 年第 81 号）第三条的规定，有限合伙制创业投资企业采取股权投资方式投资于未上市的中小高新技术企业满 2 年（24 个月）的，其法人合伙人可按照对未上市中小高新技术企业投资额的 70% 抵扣该法人合伙人从该有限合伙制创业投资企业分得的应纳税所得额，当年不足抵扣的，可以在以后纳税年度结转抵扣。如果法人合伙人投资于多个符合条件的有限合伙制创业投资企业，可合并计算其可抵扣的投资额和应分得的应纳税所得额。当年不足抵扣的，可结转以后纳税年度继续抵扣；当年抵扣后有结余的，应按照企业所得税法的规定计算缴纳企业所得税。

375. 外资投资者将未分配利润转增资本的，是否还需办理付汇税务备案？

徐箐指导：根据《国家税务总局、国家外汇管理局关于服务贸易等项目对外支付税务备案有关问题的公告》（国家税务总局、国家外汇管理局公告2013年第40号）的规定，境内机构和个人向境外单笔支付等值5万美元以上（不含等值5万美元，下同）下列外汇资金，除本公告第三条规定的情形外，均应向所在地主管国税机关进行税务备案，主管税务机关仅为地税机关的，应向所在地同级国税机关备案：

（1）境外机构或个人从境内获得的包括运输、旅游、通信、建筑安装及劳务承包、保险服务、金融服务、计算机和信息服务、专有权利使用和特许、体育文化和娱乐服务、其他商业服务、政府服务等服务贸易收入；

（2）境外个人在境内的工作报酬，境外机构或个人从境内获得的股息、红利、利润、直接债务利息、担保费以及非资本转移的捐赠、赔偿、税收、偶然性所得等收益和经常转移收入；

（3）境外机构或个人从境内获得的融资租赁租金、不动产的转让收入、股权转让所得以及外国投资者其他合法所得。外国投资者以境内直接投资合法所得在境内再投资单笔5万美元以上的，应按照本规定进行税务备案。因此，若您公司将未分配利润转增资本且金额在5万美元以上的，应按规定办理税务备案。

376. 固定资产评估增值，是否可以计提折旧，企业所得税税前是否可以扣除折旧？

徐箐指导：根据《中华人民共和国企业所得税法实施条例》（中华人民共和国国务院令第512号）的规定，企业的各项资产，包括固定资产、生物资产、无形资产、长期待摊费用、投资资产、存货等，以历史成本为计税基础。前款所称历史成本，是指企业取得该项资产时实际发生的支出。企业持有各项资产期间资产增值或者减值，除国务院财政、税务主管部门规定可以确认损益外，不得调整该资产的计税基础。因此，根据上述规定，企业持有各项资产期间资产增值或减值，除国务院财政、税务主管部门规定可以确认损益外，不得调整该资产的计税基础。评估增值部分提取的折旧依法不能在企业所得税税前扣除。

377. 商业零售企业发生存货损失，是否要出具损失情况报告？

徐箐指导：根据《国家税务总局关于商业零售企业存货损失税前扣除问题的公告》（国家税务总局公告 2014 年第 3 号）的规定，商业零售企业存货因零星失窃、报废、废弃、过期、破损、腐败、鼠咬、顾客退换货等正常因素形成的损失，为存货正常损失，准予按会计科目进行归类、汇总，然后再将汇总数据以清单的形式进行企业所得税纳税申报，同时出具损失情况分析报告。商业零售企业存货因风、火、雷、震等自然灾害，仓储、运输失事，重大案件等非正常因素形成的损失，为存货非正常损失，应当以专项申报形式进行企业所得税纳税申报。

378. 高新企业认定条件中要求高新收入占总收入的 60%，总收入是否包含股权投资收益？

徐箐指导：依据《科技部、财政部、国家税务总局关于修订印发〈高新技术企业认定管理工作指引〉的通知》（国科发火〔2016〕195 号）的规定，总收入是指收入总额减去不征税收入。收入总额与不征税收入按照《中华人民共和国企业所得税法》

及《中华人民共和国企业所得税法实施条例》的规定计算。

《企业所得税法》第六条规定，企业以货币形式和非货币形式从各种来源取得的收入，为收入总额。包括：①销售货物收入；②提供劳务收入；③转让财产收入；④股息、红利等权益性投资收益；⑤利息收入；⑥租金收入；⑦特许权使用费收入；⑧接受捐赠收入；⑨其他收入。

因此，高新企业认定条件中的总收入包含股权投资收益。

379. 外国出差取得国外的电子单据，是否可以作为企业所得税税前扣除凭据？

徐箐指导：根据《中华人民共和国税收征收管理法》（中华人民共和国主席令第 49 号）的规定，纳税人、扣缴义务人按照有关法律、行政法规和国务院财政、税务主管部门的规定设置账簿，根据合法、有效凭证记账，进行核算。另外，根据《国务院关于修改〈中华人民共和国发票管理办法〉的决定》（中华人民共和国国务院令第 587 号）第三十三条的规定，单位和个人从中国境外取得的与纳税有关的发票或者凭证，税务机关在纳税审查时有疑义的，可以要求其提供境外公证机构或者注册会计师的确认证明，经税务机关审核认可后，方可作为计账核算的凭证。因此，请贵司根据合法、有效凭证记账。税务机关在纳税审查时有疑义的，请提供境外公证机构或者注册会计师的确认证明，经税务机关审核认可后，方可作为计账核算的凭证。

380. 支付给临时工的工资，是否可以作为相关费用的扣除依据？

徐箐指导：根据《国家税务总局关于企业所得税应纳税所得

额若干税务处理问题的公告》（国家税务总局公告 2012 年第 15 号）的规定，企业因雇用季节工、临时工、实习生、返聘离退休人员以及接受外部劳务派遣用工所实际发生的费用，应区分为工资薪金支出和职工福利费支出，并按《企业所得税法》规定在企业所得税前扣除。其中属于工资薪金支出的，准予计入企业工资薪金总额的基数，作为计算其他各项相关费用扣除的依据。

所以，这部分工资薪金支出可以作为相关费用的扣除计算基数。

381. 企业向学校捐赠一批学习用品，捐赠支出是否可以在税前扣除？

徐箐指导：根据《中华人民共和国企业所得税法》（中华人民共和国主席令第 63 号）第九条及《中华人民共和国企业所得税法实施条例》（中华人民共和国国务院令第 512 号）第五十一条的规定，企业通过公益性社会团体或者县级以上人民政府及其部门，用于《中华人民共和国公益事业捐赠法》规定的公益事业的公益性捐赠支出，在年度利润总额 12% 以内的部分，准予在计算应纳税所得额时扣除。

所以，若企业向学校的捐赠支出满足上述条件，则可按规定税前扣除。

382. 食品批发零售企业的库存食品因变质发生存货损失，企业所得税税前扣除如何办理？

徐箐指导：根据《关于商业零售企业存货损失税前扣除问题的公告》（国家税务总局公告 2014 年第 3 号）的规定，商业零售企业存货因零星失窃、报废、废弃、过期、破损、腐败、鼠咬、顾客退换货等正常因素形成的损失，为存货正常损失，准予按会计科目进行归类、汇总，然后再将汇总数据以清单的形式进行企业所得税纳税申报，同时出具损失情况分析报告。

商业零售企业存货因风、火、雷、震等自然灾害，仓储、运输失事，重大案件等非正常因素形成的损失，为存货非正常损失，应当以专项申报形式进行企业所得税纳税申报。

存货单笔（单项）损失超过 500 万元的，无论何种因素形成的，均应以专项申报方式进行企业所得税纳税申报。因此，您公司应区分实际发生的业务，按照上述规定及《国家税务总局关于发布〈企业资产损失所得税税前扣除管理办法〉的公告》（2011 年第 25 号）的规定，向主管税务机关申报资产损失税前扣除。

383. 纳税人可以申请核定缴纳企业所得税吗？

徐箐指导：根据《国家税务总局关于印发〈企业所得税核定征收办法（试行）〉的通知》（国税发〔2008〕30 号）第三条的规定，纳税人具有下列情形之一的，核定征收企业所得税：

（1）依照法律、行政法规的规定可以不设置账簿的；

（2）依照法律、行政法规的规定应当设置但未设置账簿的；

（3）擅自销毁账簿或者拒不提供纳税资料的；

（4）虽设置账簿，但账目混乱或者成本资料、收入凭证、费用凭证残缺不全，难以查账的；

（5）发生纳税义务，未按照规定的期限办理纳税申报，经税务机关责令限期申报，逾期仍不申报的；

（6）申报的计税依据明显偏低，又无正当理由的。

同时，《国家税务总局关于企业所得税核定征收若干问题的通知》（国税函〔2009〕377 号）规定，以下“特定纳税人”不适用上述规定：

（1）享受《中华人民共和国企业所得税法》及其实施条例和国务院规定的一项或几项企业所得税优惠政策的企业（不包括仅享受《中华人民共和国企业所得税法》第二十六条规定免税收入优惠政策的企业）；

（2）汇总纳税企业；

（3）上市公司；

（4）银行、信用社、小额贷款公司、保险公司、证券公司、期货公司、信托投资公司、金融资产管理公司、融资租赁公司、担保公司、财务公司、典当公司等金融企业；

（5）会计、审计、资产评估、税务、房地产估价、土地估价、工程造价、律师、价格鉴证、公证机构、基层法律服务机构、专利代理、商标代理以及其他经济鉴证类社会中介机构；

（6）国家税务总局规定的其他企业。

384. 机器检修暂时停产，停产期间发生的固定资产折旧可以税前扣除吗?

徐箐指导：根据《中华人民共和国企业所得税法》（中华人民共和国主席令第 63 号）第十一条的规定，在计算应纳税所得额时，企业按照规定计算的固定资产折旧，准予扣除。下列固定资产不得计算折旧扣除：①房屋、建筑物以外未投入使用的固定资产；②以经营租赁方式租入的固定资产；③以融资租赁方式租出的固定资产；④已足额提取折旧仍继续使用的固定资产；⑤与经营活动无关的固定资产；⑥单独估价作为固定资产入账的土地；⑦其他不得计算折旧扣除的固定资产。综上所述，企业暂时停产期间的机器设备不属于以上情况，按规定提取的固定资产折旧可在税前扣除。

385. 公司以融资租赁方式租入的机器设备，融资租赁费可以在企业所得税税前一次扣除吗？

徐箐指导：不可以。根据《中华人民共和国企业所得税法实施条例》（中华人民共和国国务院令第 512 号）第四十七条第二款的规定，以融资租赁方式租入固定资产发生的租赁费支出，按照规定构成融资租入固定资产价值的部分应当提取折旧费用，分期扣除。

386. 实行统一核算，是否需要申报纳税？

徐箐指导：根据《中华人民共和国增值税暂行条例实施细则》（财政部、国家税务总局第 50 号令）第四条的规定，设有两个以上机构并实行统一核算的纳税人，将货物从一个机构移送其他机构用于销售（但相关机构设在同一县（市）的除外），为视同销售货物。另外，根据《国家税务总局关于企业处置资产所得税处理问题的通知》（国税函〔2008〕828 号）的规定，将资产在总机构及其分支机构之间转移（将资产转移至境外除外），由于资产所有权属在形式和实质上均不发生改变，可作为内部处置资产，不视同销售确认收入。

所以，您公司上述情况增值税处理上应确认收入缴纳增值税，企业所得税处理上可作为内部处置资产，不视同销售确认收入。

387. 技术培训的收入，可否并入技术转让收入享受企业所得税优惠？

徐箐指导：根据《国家税务总局关于技术转让所得减免企业

所得税有关问题的公告》（国家税务总局公告 2013 年第 62 号）的规定，可以计入技术转让收入的技术咨询、技术服务、技术培训收入，是指转让方为使受让方掌握所转让的技术投入使用、实现产业化而提供的必要的技术咨询、技术服务、技术培训所产生的收入，并应同时符合以下条件：①在技术转让合同中约定的与该技术转让相关的技术咨询、技术服务、技术培训；②技术咨询、技术服务、技术培训收入与该技术转让项目收入一并收取价款。因此，若你公司的技术培训收入符合上述条件，可以计入技术转让收入。

388. 企业移送给他人的资产，在企业所得税上如何确定销售收入？

徐箐指导：根据《国家税务总局关于企业处置资产所得税处理问题的通知》（国税函〔2008〕828 号）的规定，企业将资产移送他人的下列情形，因资产所有权属已发生改变而不属于内部处置资产，应按规定视同销售确定收入。①用于市场推广或销售；②用于交际应酬；③用于职工奖励或福利；④用于股息分配；⑤用于对外捐赠；⑥其他改变资产所有权属的用途。

根据《国家税务总局关于企业所得税有关问题的公告》（国家税务总局公告 2016 年第 80 号）第二条的规定，企业移送资产所得税处理问题，企业发生《国家税务总局关于企业处置资产所得税处理问题的通知》（国税函〔2008〕828 号）第二条规定情形的，除另有规定外，应按照被移送资产的公允价值确定销售收入。

注意施行时间：2016 年度及以后年度企业所得税汇算清缴。

389. 哪些固定资产不得计提折旧在企业所得税税前扣除？

徐箐指导：根据《中华人民共和国企业所得税法》（中华人民共和国主席令第 63 号）第十一条的规定，下列固定资产不得计算折旧扣除：①房屋、建筑物以外未投入使用的固定资产；②以经营租赁方式租入的固定资产；③以融资租赁方式租出的固定资产；④已足额提取折旧仍继续使用的固定资产；⑤与经营活动无关的固定资产；⑥单独估价作为固定资产入账的土地；⑦其他不得计算折旧扣除的固定资产。

390. 从中国境外取得的与纳税有关的发票，能否作为扣税凭据？

徐箐指导：根据《中华人民共和国发票管理办法》第三十三条的规定，单位和个人从中国境外取得的与纳税有关的发票或者凭证，税务机关在纳税审查时有疑义的，可以要求其提供境外公证机构或者注册会计师的确认证明，经税务机关审核认可后，方可作为记账核算的凭证。因此，企业可凭境外发票入账，若税务机关在纳税审查时有疑义的，可要求其提供境外公证机构或者注册会计师的确认证明。

391. 销售固定资产产生的损失，是否需要备案可以在企业所得税税前扣除？

徐箐指导：根据国家税务总局关于发布《企业资产损失所得税税前扣除管理办法》的公告（国家税务总局公告 2011 年第 25 号）第五条的规定，企业发生的资产损失，应按规定的程序和要求向主管税务机关申报后方能在税前扣除。未经申报的损失，不得在税前扣除。第七条规定：企业在进行企业所得税年度汇算清缴申报时，可将资产损失申报材料和纳税资料作为企业所得税年度纳税申报表的附件一并向税务机关报送。

第九条规定了所列资产损失，应以清单申报的方式向税务机关申报扣除。其中，包括企业在正常经营管理活动中，按照公允价格销售、转让、变卖非货币资产的损失。

392. 制作代言广告，是否属于广告服务需缴纳文化事业建设费？

徐箐指导：根据《财政部、国家税务总局关于营业税改征增值税试点有关文化事业建设费征收管理问题的通知》（财综〔2013〕88号）的规定，在中华人民共和国境内提供广告服务的单位和个人，应按照本通知的规定缴纳文化事业建设费。另外，根据《财政部、国家税务总局关于在全国开展交通运输业和部分现代服务业营业税改征增值税试点税收政策的通知》（财税〔2013〕37号）的规定，广告设计、广告制作不再归属于广告服务，属于设计服务，其销售额不缴纳文化事业建设费。因此，您公司为其他公司制作广告，不需要缴纳文化事业建设费。

393. 申请享受税收协定待遇需要提供什么资料？

徐箐指导：根据《国家税务总局关于执行〈内地和香港特别行政区关于对所得避免双重征税和防止偷漏税的安排〉有关居民身份认定问题的公告》（国家税务总局公告2013年第53号）的规定，税务主管机关受理香港居民申请享受《内地和香港特别行政区关于对所得避免双重征税和防止偷漏税的安排》（以下简称《安排》）待遇时，申请人为法人的，可依据香港有关当局出具的公司注册证书（副本）或商业登记证核证本，对其居民身份进行认定；申请人为个人的，可凭其香港身份证和香港居民往来内地通行证，及上一纳税年度在港的缴税单，对其居民身份进行认定。税务主管机关对申请人身份有怀疑，且申请人提交的上述资料不足以证明其香港居民身份的，包括在香港以外地区注册成立的法人，但称其管理和控制机构在香港的，或仅在香港短期停留但称其为香港居民的外籍人士等情况，可要求申请人提供由香港特别行政区税务局（以下简称“香港税务局”）为其开具的，享受《安排》待遇所得所属年度为香港居民的证明。对要求按《国家税务总局关于认定税收协定中“受益所有人”的公告》（国家税务总局公告 2012 年第 30 号）第三条规定享受《安排》待遇的申请人，以及以个人名义申请享受《安排》第十三条财产收益相关待遇的申请人，均应要求香港税务局对其身份，包括对国家税务总局公告 2012 年第 30 号第三条提及的各层级居民企业或个人的身份进行认定，并出具居民身份证明。所以，若税务局对你公司身份有怀疑，可以要求提供居民身份证明。

394. 按规定缴纳的社会保险，是否可以纳入研究开发费用进行加计扣除？

徐箐指导：根据《财政部、国家税务总局关于研究开发费用税前加计扣除有关政策问题的通知》（财税〔2013〕70 号）的规定，企业从事研发活动发生的下列费用支出，可纳入税前加计扣除的研究开发费用范围：①企业依照国务院有关主管部门或者省级人民政府规定的范围和标准为在职直接从事研发活动人员缴纳的基本养老保险费、基本医疗保险费、失业保险费、工伤保险费、生育保险费和住房公积金。②专门用于研发活动的仪器、设备的运行维护、调整、检验、维修等费用。③不构成固定资产的样品、样机及一般测试手段购置费。④新药研制的临床试验费。⑤研发成果的鉴定费用。因此，你公司为研发人员缴纳的基本社会保险费可按规定税前加计扣除。

395. 采用应税所得率方式核定征收企业所得税时，如何计算应纳所得税额？

徐箐指导：根据《国家税务总局关于印发〈企业所得税核定征收办法（试行）〉的通知》（国税发〔2008〕30 号）第六条的规定，采用应税所得率方式核定征收企业所得税的，应纳所得税额计算公式如下：

应纳所得税额 = 应纳税所得额 × 适用税率

应纳税所得额 = 应税收入额 × 应税所得率

或：

应纳税所得额 = 成本（费用）支出额/(1 - 应税所得率) × 应税所得率

另根据《国家税务总局关于企业所得税核定征收若干问题的通知》（国税函〔2009〕377 号）第二条的规定，国税发〔2008〕30 号文件第六条中的“应税收入额”等于收入总额减去不征税收入和免税收入后的余额。用公式表示为：

应税收入额 = 收入总额 - 不征税收入 - 免税收入

其中，收入总额为企业以货币形式和非货币形式从各种来源取得的收入。

396. 员工在外出差的餐饮补助费，是否可以在计算企业所得税税前扣除？

徐箐指导：根据《中华人民共和国企业所得税法》第八条

的规定，企业实际发生的与取得收入有关的、合理的支出，包括成本、费用、税金、损失和其他支出，准予在计算应纳税所得额时扣除。

注意：国家税务总局 2015 年 34 号公告中的规定和《实施条例》第三十四条的规定，所称的“合理工资薪金”，是指企业按照股东大会、董事会、薪酬委员会或相关管理机构制定的工资薪金制度规定实际发放给员工的工资薪金。税务机关在对工资薪金进行合理性确认时，可按以下原则掌握：

（1）企业制定了较为规范的员工工资薪金制度；

（2）企业所制定的工资薪金制度符合行业及地区水平；

（3）企业在一定时期所发放的工资薪金是相对固定的，工资薪金的调整是有序进行的；

（4）企业对实际发放的工资薪金，已依法履行了代扣代缴个人所得税义务；

（5）有关工资薪金的安排，不以减少或逃避税款为目的。

397. 企业在筹建期间发生的业务招待费、广告费和业务宣传费如何在企业所得税税前扣除？

徐箐指导：根据《国家税务总局关于企业所得税应纳税所得额若干税务处理问题的公告》（国家税务总局公告 2012 年第 15 号）的规定，关于筹办期业务招待费等费用税前扣除问题，企业在筹建期间，发生的与筹办活动有关的业务招待费支出，可按实际发生额的 60% 计入企业筹办费，并按有关规定在税前扣除；发生的广告费和业务宣传费，可按实际发生额计入企业筹办费，并按有关规定在税前扣除。

398. 跨省的分支机构，是否需要做年报？

徐箐指导：根据《国家税务总局关于印发〈跨地区经营汇总纳税企业所得税征收管理办法〉的公告》（国家税务总局公告 2012 年第 57 号）第十条的规定，汇总纳税企业应当自年度终了之日起 5 个月内，由总机构汇总计算企业年度应纳所得税额，扣除总机构和各分支机构已预缴的税款，计算出应缴应退税款，按照本办法规定的税款分摊方法计算总机构和分支机构的企业所得税应缴应退税款，分别由总机构和分支机构就地办理税款缴库或退库。

399. 公司购买基金的收益，是否要缴纳企业所得税？

根据《财政部、国家税务总局关于企业所得税若干优惠政策的通知》（财税〔2008〕1 号）的规定，注意以下三方面的要点：

（1）对证券投资基金从证券市场中取得的收入，包括买卖股票、债券的差价收入，股权的股息、红利收入，债券的利息收入及其他收入，暂不征收企业所得税。

（2）对投资者从证券投资基金分配中取得的收入，暂不征收企业所得税。

（3）对证券投资基金管理人运用基金买卖股票、债券的差价收入，暂不征收企业所得税。

400. 企业由于投资者投资未到位而发生的利息支出，能否在企业所得税税前扣除？

徐箐指导：《国家税务总局关于企业投资者投资未到位而发生的利息支出企业所得税前扣除问题的批复》（国税函〔2009〕

312 号）的规定，根据《企业所得税法实施条例》第二十七条的规定，凡企业投资者在规定期限内未缴足其应缴资本额的，该企业对外借款所发生的利息，相当于投资者实缴资本额与在规定期限内应缴资本额的差额应计付的利息，其不属于企业合理的支出，应由企业投资者负担，不得在计算企业应纳税所得额时扣除。

具体计算不得扣除的利息，应以企业一个年度内每一账面实收资本与借款余额保持不变的期间作为一个计算期，每一计算期内不得扣除的借款利息按该期间借款利息发生额乘以该期间企业未缴足的注册资本占借款总额的比例计算，公式为：企业每一计算期不得扣除的借款利息 = 该期间借款利息额 × 该期间未缴足注册资本额 ÷ 该期间借款额。企业一个年度内不得扣除的借款利息总额为该年度内每一计算期不得扣除的借款利息额之和。